日本
神社與寺院之旅

Shrines and Temples with Scenic Views in Japan

掛保證 絕景達人

人人出版

出羽三山神社（出羽神社）➡ P.148

Contents 日本 神社與寺院之旅

▶在使用本書之前

本書刊載的資訊為2015年6~8月調查、確認的內容。出版後書中寺社等的參拜時間、各種費用與交通資訊、地圖資訊等，可能會有所變動。出發前請先確認最新資訊。雖已極力追求刊載內容的正確性，因本書的刊載資訊而造成的損害賠償責任等，敝公司無法保證，請在確認此點後再進行購買。

▶資訊標示

[TEL] 電話號碼　[所在地] 寺社的位置
[交通] 從最近主要車站、巴士站等的交通方式，與大約所需時間
[時間] 可以參拜的時間
[休] 休日。原則上僅表示公休日
[費用] 成人1人的參拜費用
[URL] 官方網站的 URL

照片：箱根神社的「和平鳥居」與蘆之湖、富士山

日本 神社與寺院MAP
～東日本編～

卅 神社　卍 寺院　祭 祭典

⑧ 笠間稻荷神社
→P.100
卅

⑨ 大洗磯前神社
→P.122
卅

⑩ 日光東照宮
→P.78
卅

⑪ 榛名神社
→P.151
卅

⑫ 川越冰川神社
→P.98
卅

⑬ 冰川神社
→P.107
卅

⑭ 巴南寺 日本別院
→P.183
卍

⑮ 成田山新勝寺
→P.106
卍

⑯ 本土寺
→P.20
卍

⑰ 三社祭
→P.203
祭

⑱ 淺草寺
→P.72/107
卍

⑲ 湯島天滿宮
→P.102
卅

⑳ 神田神社（神田明神）
→P.101
卅

㉑ 神田祭
→P.203
祭

㉒ 東京大神宮
→P.97
卅

㉓ 市谷龜岡 八幡宮
→P.105
卅

㉔ 皆中稻荷神社
→P.104
卅

㉕ 明治神宮
→P.22/106
卅

㉖ 築地本願寺
→P.182
卍

㉗ 密嚴院・ 於七地藏
→P.97
卍

㉘ 鹽船觀音寺
→P.18
卍

㉙ 川崎大師（平間寺）
→P.106
卍

㉚ 明月院
→P.20
卍

㉛ 報國寺
→P.198
卍

㉜ 鶴岡八幡宮
→P.106
卅

㉝ 江島神社 中津宮
→P.104
卅

㉞ 箱根神社
→P.110
卅

㉟ 吉田火祭
→P.204
祭

㊱ 久遠寺
→P.17
卍

㊲ 釋尊寺（布引觀音）
→P.162
卍

㊳ 糸魚川 春大祭
→P.207
祭

近畿擴大圖 P.10

京都府

滋賀県

兵庫縣

大阪府

東北

① 恐山 菩提寺
→P.167
卍

② 毛越寺
→P.22/184
卍

③ 鹽竈港祭
→P.208
祭

④ 生剝鬼柴燈祭
→P.209
祭

⑤ 出羽三山神社（出羽神社）
→P.148
⛩

⑥ 出羽三山神社（月山神社）
→P.132
卍

⑦ 立石寺（山寺）
→P.152
卍

東海・北陸

㊴ 雄山神社
→P.144
⛩

㊵ 青柏祭
→P.206
祭

㊶ 氣多大社
→P.98
⛩

㊷ 白山比咩神社
→P.140
⛩

㊸ 那谷寺
→P.27
卍

① 恐山 菩提寺

④ 生剝鬼柴燈祭

② 毛越寺

青森縣

秋田縣

岩手縣

出羽三山神社（出羽神社）⑤
出羽三山神社（月山神社）⑥

立石寺（山寺）⑦

③ 鹽竈港祭

山形縣

宮城縣

新潟縣

福島縣

石川縣

㊵ 青柏祭
㊶ 氣多大社

㊳ 糸魚川春大祭

富山縣

㊴ 雄山神社

㊷ 白山比咩神社
⑬ 那谷寺

長野縣

日光東照宮 ⑩
東京大神宮 ⑳
市谷龜岡八幡宮 ㉓
皆中稻荷神社 ㉔
明治神宮 ㉕

榛名神社 ⑪

群馬縣

釋尊寺（布引觀音）㊲

埼玉縣

岐阜縣

川越冰川神社 ⑫ ⑬

鹽船觀音寺 ㉘

山梨縣

東京都

栃木縣

⑰ 三社祭
⑱ 淺草寺
⑲ 湯島天滿宮
⑳ 神田神社（神田明神）
㉑ 神田祭

⑧ 笠間稻荷神社

⑨ 大洗磯前神社

茨城縣

冰川神社⑬

本土寺⑯

⑭ 巴南寺日本別院
⑮ 成田山新勝寺

㉖ 築地本願寺

裸祭
㊶ 間間觀音

明月院 ㉚

吉田火祭 ㉟
富士山本宮
久遠寺 ㊱

㊿ 熱田神宮

愛知縣

㊾ 鳥羽火祭

⑱ 鳳來寺

㊼ 小國神社

靜岡縣

淺間大社 ㊻

三嶋大社 ㊺

箱根神社 ㉞

神奈川縣

㉗ 密嚴院 於七地藏
㉙ 川崎大師（平間寺）

㉜ 鶴岡八幡宮

㉛ 報國寺

㉝ 江島神社 中津宮

千葉縣

㊹ 伊豆山神社

要去哪個神社佛閣呢？
日本 神社與寺院 MAP
～西日本編～

丼 神社　卍 寺院　祭 祭典

九州·沖繩

71 太宰府天滿宮
→P.30/102/107
丼

72 水田天滿宮末社 戀木神社
→P.99
丼

73 大興善寺
→P.19
卍

74 寶當神社
→P.105
丼

75 祐德稻荷神社
→P.100
丼

76 崇福寺
→P.183
卍

77 撒火祭神儀式
→P.204
祭

78 宇佐神宮
→P.100
丼

79 高千穗神社
→P.99
丼

80 青島神社
→P.118
丼

81 蒲生八幡神社
→P.150
丼

82 松原神社
→P.104
丼

九州·沖繩

83 波上宮
→P.114
丼

中國·四國

62 嚴島神社
→P.34
丼

63 管絃祭
→P.208
祭

64 防府天滿宮
→P.103
丼

65 元乃隅稻成神社
→P.124
丼

八重垣 58
金持神社 59 出雲大社
島根縣
廣島縣
嚴島神社 62
管絃祭 63
千光寺 61
元乃隅稻成神社 65
山口縣
64 防府天滿宮
石鎚神社 69
福岡縣
寶當神社 74
71 太宰府天滿宮
73 大興善寺
78 宇佐神宮
愛媛縣
高知縣
佐賀縣
72 水田天滿宮末社 戀木神社
大分縣
70 和靈大祭、宇和島牛鬼祭
祐德稻荷神社 75
長崎縣
崇福寺 76
77 撒火祭神儀式
熊本縣
79 高千穗神社
宮崎縣
鹿兒島縣
蒲生八幡神社 81
80 青島神社
松原神社 82
沖繩縣
83 波上宮

中國‧四國

56 三德山三佛寺 →P.156 卍

57 金持神社 →P.101 ⛩

58 八重垣神社 →P.99 ⛩

59 出雲大社 →P.90 ⛩

60 西大寺會陽 →P.207 祭

61 千光寺 →P.200 卍

近畿擴大圖 P.10

京都府
兵庫縣
滋賀縣
大阪府
奈良縣
三重縣
和歌山縣

縣
56 三德山三佛寺
山縣
寺會陽 60
寺
川縣
北羅宮
德島縣

66 乳保神社

花之窟神社 55

間間觀音
裸祭 52 51
50 熱田神宮
愛知縣
49 鳥羽火祭
53 結城神社
54 伊勢神宮

富士山本宮淺間大社 46
靜岡縣
三嶋大社 45 44
48 鳳來寺
47 小國神社
伊豆山神社

富山縣
福井縣
岐阜縣

中國‧四國

66 乳保神社 →P.151 ⛩

67 金刀比羅宮 →P.149 ⛩

68 出釋迦寺 →P.164 卍

69 石鎚神社 →P.136 ⛩

70 和靈大祭‧宇和島牛鬼祭 →P.209 祭

東海‧北陸

44 伊豆山神社 →P.98 ⛩

45 三嶋大社 →P.101 ⛩

46 富士山本宮淺間大社 →P.46 ⛩

47 小國神社 →P.23 ⛩

48 鳳來寺 →P.160 卍

---

49 鳥羽火祭 →P.204 祭

50 熱田神宮 →P.107 ⛩

51 間間觀音 →P.105 卍

52 裸祭 →P.207 祭

53 結城神社 →P.31 ⛩

54 伊勢神宮 →P.64 ⛩

55 花之窟神社 →P.129 ⛩

要去哪個神社佛閣呢？
日本 神社與寺院MAP
～近畿篇～

🈂神社 卍寺院 祭祭典

88 成相寺
89 智恩寺

92 貴船神社
93 鞍馬火祭

京都府　　　　　　滋賀縣

足鹿神社 127

今宮神社 108
金閣寺 109
龍安寺 110
仁和寺 111
天龍寺 112
法輪寺 電電宮 113

94 相生社（下鴨神社內）
85 白鬚神社
86 比叡山 延曆寺
95 金戒光明寺
87 日吉大社
永源寺 84

北野天滿宮 107

98 平安神宮
96 永觀堂（禪林寺）
97 南禪寺

兵庫縣

善峯寺 117
西芳寺（苔寺）114
鈴蟲院 115
地藏院 116
飛行神社 119

99 祇園祭
100 高台寺
101 安井金比羅宮
102 清水寺
90 隨心院
91 醍醐寺

大阪天滿宮 121
天神祭 121
生田神社 126
東寺（教王護國寺）106

118 三室戶寺
130 法隆寺
128 東大寺
129 興福寺

東福寺 103
泉涌寺 104
伏見稻荷大社 105

今宮戎神社 122
住吉大社 123
愛染堂勝鬘院 124
岸和田山車祭 125

長岳寺 132
安倍文殊院 135
大神神社 134

131 室生寺
133 長谷寺
136 金峯山寺

大阪府

高野山 金剛峯寺 137

奈良縣

和歌山縣

138 神倉神社

139 飛瀧神社（那智瀑布）
140 那智扇祭

近畿

96 永觀堂 (禪林寺)
→P.26
卍

97 南禪寺
→P.14/196
卍

98 平安神宮
→P.17
⛩

99 祇園祭
→P.202
祭

100 高台寺
→P.28/45
卍

101 安井金比羅宮
→P.44/97
⛩

102 清水寺
→P.40
卍

103 東福寺
→P.24/57
卍

104 泉涌寺
→P.57/96
卍

105 伏見稲荷大社
→P.52/100/106
⛩

106 東寺 (教王護國寺)
→P.180
卍

107 北野天滿宮
→P.31/63/102
⛩

108 今宮神社
→P.96
⛩

109 金閣寺
→P.32/58
卍

110 龍安寺
→P.62/194
卍

111 仁和寺
→P.15/62
卍

112 天龍寺
→P.188
卍

113 法輪寺 電電宮
→P.105
⛩

114 西芳寺 (苔寺)
→P.192
卍

115 鈴蟲寺
→P.96
卍

116 地蔵院
→P.199
卍

117 善峯寺
→P.21
卍

118 三室戸寺
→P.21
卍

119 飛行神社
→P.104
⛩

120 大阪天滿宮
→P.102
⛩

121 天神祭
→P.208
祭

122 今宮戎神社
→P.101
⛩

123 愛染堂勝鬘院
→P.98
卍

124 住吉大社
→P.107
⛩

125 岸和田山車祭
→P.206
祭

126 生田神社
→P.99
⛩

127 足鹿神社
→P.150
⛩

128 東大寺
→P.84
卍

129 興福寺
→P.88/178
卍

130 法隆寺
→P.168
卍

131 室生寺
→P.33/172
卍

132 長岳寺
→P.18
卍

133 長谷寺
→P.27
卍

134 大神神社
→P.128
⛩

135 安倍文殊院
→P.103
卍

136 金峯山寺
→P.12
卍

137 高野山 金剛峯寺
→P.166
卍

138 神倉神社
→P.131
⛩

139 飛瀧神社 (那智瀑布)
→P.130
⛩

140 那智扇祭
→P.205
祭

花與紅葉的絕景寺社

日本的神社和寺院自古以來多與大自然比鄰而居。花朵繽紛綻放的景致、秋日紅葉似錦的風情尤其美不勝收,不禁讓人想將四季的絕景深深烙印在眼底。

櫻花

御神木櫻花將吉野山染成一片

金峯山寺
きんぷせんじ

吉野山自古便是熱門賞櫻景點。寺院就座落在山脊上，為役小角於奈良時代所創建的修驗道總本山。每逢春天3萬多株山櫻開滿整片山野。

[TEL]0746-32-8371　[所在地]奈良県吉野郡吉野町吉野山2500

花期 4月上旬～下旬

櫻花

櫻花與宏偉的三門爭相競演

南禪寺
なんぜんじ

前身為鎌倉時代龜山法皇的離宮。日本三大門之一的三門、國寶方丈、法堂等知名建物的周邊，有近200株的櫻花盛開。紅葉景致也很迷人。

[TEL]075-771-0365　[所在地]京都府京都市左京区南禅寺福地町

花期 ▶ 4月上旬～中旬　➡ P.196

宣告京都春天即將結束的御室櫻

仁和寺 にんなじ

平安時代由宇多天皇創建的真言宗御室派總本山。中門內的西側有片開花期較晚的御室櫻花林，能欣賞以五重塔為背景的櫻花綻放美景。

[TEL]075-461-1155　[所在地]京都府京都市右京区御室大内33
花期▶4月上旬～中旬

┌─ 花與 ─┐
│ 紅葉的 │
└─ 絕景寺社 ─┘

花與紅葉的絕景寺社

被歌頌為「花之醍醐」的名勝

醍醐寺 だいこじ

創建於平安前期，整座醍醐山皆為寺域。豐臣秀吉曾在此舉辦盛大的醍醐賞花會，八重櫻、大紅枝垂櫻、山櫻等1000多株櫻花繽紛盛開。

[TEL]075-571-0002 　[所在地]京都府京都市伏見区醍醐東大路町22

花期 ▶ 3月下旬～4月上旬 　→P.174

櫻花

優雅又壯觀的枝垂櫻
久遠寺 くおんじ

鎌倉時代由日蓮上人所開闢的聖地，為日蓮宗的總本山。樹齡400餘年的兩棵巨大枝垂櫻，訴說著寺院的歷史與地位。

[TEL] 0556-62-1011　[所在地] 山梨縣南巨摩郡身延町身延3567

花期 3月下旬～4月上旬

與朱紅色及綠色構成的社殿相映襯
平安神宮 へいあんじんぐう

1895（明治28）年為紀念平安遷都1100周年而創建。每當神苑內鮮豔的紅枝垂櫻綻放時，境內就會舉辦夜間點燈等熱鬧活動。

[TEL] 075-761-0221　[所在地] 京都府京都市左京区岡崎西天王町

花期 3月下旬～4月中旬

花與紅葉的絕景寺社

一叢叢圓滾滾的繽紛春色

鹽船觀音寺 （しおふねかんのんじ）

相傳創始於飛鳥時代的真言宗醍醐派別格本山。一到春天，堂宇四周的斜坡上即覆滿整片粉紅色、紫色的杜鵑花海。

[TEL] 0428-22-6677
[所在地] 東京都青梅市塩船194
花期 4月中旬～5月上旬
※目前並無如照片中的桌椅擺設

絢麗動人的大朵杜鵑花

長岳寺 （ちょうがくじ）

弘法大師於824（天長元）年創立，擁有日本最古老的鐘樓門。廣大境內有1000多株平戶杜鵑盛開，燕子花、紅葉也很美。

[TEL] 0743-66-1051
[所在地] 奈良県天理市柳本町508
花期 4月下旬～5月上旬

杜鵑花

以規模著稱的杜鵑園

大興善寺 <small>だいこうぜんじ</small>

起源自奈良時代初期僧侶行基所
搭蓋的草庵。從大正末期開始打
造杜鵑園，如今已成為5萬株齊
綻放的杜鵑寺。

[TEL] 0942-92-2627
[所在地] 佐賀県基山町園部3628
花期 4月中旬～5月上旬

鎌倉知名的繡球花寺
明月院 めいげついん

原本是由北條時宗創建的禪興寺
塔頭，但後來禪興寺被廢寺。以
日本古來品種的姬繡球花佔多
數，藍色的小花在梅雨季節時顯
得格外美麗。

[TEL]0467-24-3437　[所在地]神
奈川県鎌倉市山ノ内189
花期 6月中旬～下旬

也可欣賞到花菖蒲
本土寺 ほんどじ

座落於平賀家宅邸遺跡的日蓮宗
寺院，該家族成員有好幾位是日
蓮聖人門下的傑出弟子。每逢6
月，5000棵的花菖蒲與5萬株繡
球花就在境內爭芳鬥豔。

[TEL]047-346-2121
[所在地]千葉県松戸市平賀63
花期 5月下旬～6月下旬

繡球花

花與綠葉的絕景寺社

季節花卉環繞的山寺

善峯寺 よしみねでら

創建於平安中期、能俯瞰京都市街的山寺。約3萬坪的境內設計成迴遊式庭園，初夏時分紫陽苑的斜坡上就會覆蓋五顏六色的花海。

[TEL]075-331-0020　[所在地]京都府京都市西京区大原野小塩町1372　花期 6月中旬〜7月上旬

如夢似幻的夜間點燈也很美

三室戸寺 みむろとじ

擁有大約1200年歷史的寺院。5000坪的大庭園內，有1萬株的繡球花緊跟在春天的杜鵑花之後綻放。包含稀有品種的七段花在內，品種相當豐富。

[TEL]0774-21-2067
[所在地]京都府宇治市莵道滋賀谷21　花期 6月上旬〜7月上旬

明治神宮 めいじじんぐう

1500株江戸系品種的花菖蒲綻放

1920（大正9）年創建，為祭祀明治天皇與昭憲皇太后的神社。清正井就位於還保留武藏野雜木林的御苑内，湧出的泉水滋潤著一整片的菖蒲田。

[TEL]03-3379-5511　[所在地]東京都渋谷区代々木神園町1-1
花期 6月上旬～中旬　➡P.106

毛越寺 もうつうじ

綻放在淨土庭園的古樸花卉

還留有平安時代的伽藍遺構，為國家特別史跡、特別名勝。淨土庭園中央的大泉池畔邊栽植了300種、3萬株的花菖蒲，每年還會舉辦菖蒲祭。

[TEL]0191-46-2331　[所在地]岩手県西磐井郡平泉町大沢58
花期 6月下旬～7月中旬　➡P.184

花菖蒲

花與紅葉的絕景寺社

飽覽40萬株爭奇鬥艷的花景
小國神社

供奉大己貴命、已有1400多年歷史的神社。四周是佔地約30萬坪的蒼鬱茂密森林，花菖蒲園內約有130種、40萬株的花卉競相綻放。

[TEL]0538-89-7302　[所在地]静岡県周智郡森町一宮3956-1
花期 5月下旬～6月中旬

染成一片通紅的秋天溪谷

東福寺 とうふくじ

東山山麓的廣大寺域內有眾多堂
宇散居其間。洗玉澗溪谷有約
2000棵的楓樹，可由通天橋眺望
遍地楓紅的絕景。

[TEL]075-561-0087　[所在地]京
都府京都市東山区本町15-778
花期▶ 11月中旬～12月上旬

近3000株秋楓逐漸染紅

永觀堂（禪林寺）
えいかんどう（ぜんりんじ）

創建於平安初期，正式名稱為禪林寺。斜坡的岩垣楓、放生池周邊等，境內的秋天景致多采多姿。11月上旬～12月上旬會有夜間點燈。

[TEL]075-761-0007　[所在地]京都府京都市左京区永觀堂町48

花期 11月中旬～下旬

紅葉

石階的地板楓葉也很有氣氛

長谷寺 はせでら

相傳始創於奈良時代。初瀨山山腰的舞台造樣式本堂，擁有絕佳的眺望視野。被譽為「花之御寺」一年四季皆有美麗花景，秋天則有紅葉環繞。

[TEL]0744-47-7001
[所在地]奈良県桜井市初瀨731-1
花期 10月中旬～12月上旬

染上楓紅的水墨畫世界

那谷寺 なたでら

奈良時代初期建立的高野山真言宗別格本山。別名奇岩遊仙境的境内遺可見到岩窟，紅葉與岩壁交織的景致饒富野趣。

[TEL]0761-65-2111 [所在地]石川県小松市那谷町ユ122
花期 11月上旬～下旬

臥龍池和庭園更添優雅氣息

高台寺

創建於江戶初期，是北政所（寧
寧）為祈禱丈夫豐臣秀吉的冥福
而建。可從方丈欣賞小堀遠州設
計的庭園被紅葉覆蓋的光景，美
得就像一幅畫。

[TEL] 075-561-9966 ［所在地］京
都府京都市東山区高台寺下河原町
526 花期 11月中旬～12月上旬

紅葉

自古聞名的紅葉之鄉

永源寺 えいげんじ

座落於愛知川右岸的臨濟宗永源寺派大本山。每到11月境內的木造建築就會被山楓完全包圍，還會舉辦夜間點燈、賞楓茶席等活動。

[TEL]0748-27-0016　[所在地]滋賀県東近江市永源寺高野町41

花期 11月中旬～下旬

關西屈指可數的紅葉名勝

日吉大社 ひよしたいしゃ

位於比叡山麓，為全國日吉、日枝、山王神社的總本宮，擁有2100年的古老歷史。近3000株楓樹林立，在參道上形成一條綿延的橘紅色隧道。

[TEL]077-578-0009

[所在地]滋賀県大津市坂本5-1-1

花期 11月中旬～12月上旬

以飛梅聞名的屈指名勝
太宰府天滿宮 だざいふてんまんぐう

神社就座落在菅原道真的墓地之上，創建於平安前期。境內有棵傳說因仰慕道真而在一夜之間飛奔來此的飛梅，之後又陸續栽種了近200種、6000株的梅花樹。
[TEL] 092-922-8225
[所在地] 福岡県太宰府市宰府4-7-1
花期 2月上旬～3月上旬
➡ P.102・107

紅梅綻放在與小野小町有淵源的寺內
隨心院 ずいしんいん

相傳是小野小町度過晚年的地方，還留有她化妝時使用的水井等遺跡。小野梅園內盛開的八重梅「唐棣梅」相當有名。每逢3月的開花期，還會表演源自於小野小町傳說的唐棣舞。
[TEL] 075-571-0025 [所在地] 京都府京都市山科区小野御霊町35
花期 3月上旬～下旬

梅

既華麗又優雅的枝垂梅
結城神社 ゆうきじんじゃ

祭祀在後醍醐天皇的「建武新政」中貢獻良多的武將結城宗廣。約300棵枝垂梅從枝頭垂落而下的光景，真是美不勝收。
[TEL]059-228-4806
[所在地]三重県津市藤方2341
花期 2月中旬〜3月中旬

2月25日的梅花祭最值得一看
北野天滿宮 きたのてんまんぐう

始建於平安中期，為供奉菅原道真之全國天滿宮、天神社的總本社。梅苑於2月上旬開放，和魂梅、黑梅等的稀有品種也很多。
[TEL]075-461-0005　[所在地]京都府京都市上京区馬喰町
花期 2月上旬〜3月下旬　→P.102

水神所淨化的銀白世界

貴船神社 きふねじんじゃ

供奉水神的神社，貴船一帶是京都的水源地之一。綠意盎然的境內一到冬天就成了純白世界。積雪期間有夜間點燈活動，光芒也映照在兩旁被瞹瞹白雪妝點的林木枝葉上。

[TEL]075-741-2016 ［所在地］京都府京都市左京区鞍馬貴船町180

➡P.96

雪景美麗動人的寺社

寺社的雪化妝景色是季節限定的美景。當籠罩在一片銀白世界中，不僅外觀看起來更加鮮豔奪目，也越發凸顯出莊嚴肅穆的氛圍。

白色與金色的調和之美

金閣寺 きんかくじ

禪寺的前身為足利義滿的豪奢山莊。近幾年京都較少出現積雪，若有幸能欣賞到雪化妝金閣寺的美景更是讓人分外感動。

[TEL]075-461-0013 ［所在地］京都府京都市北区金閣寺町1 ➡P.58

一年僅有幾次晨曦能看到的素雅景致

室生寺 （むろうじ）

自古以來就允許女性入內參拜，
因此又有女人高野之稱的真言密
教寺院。當樹木、五重塔積上一
層薄薄的白雪，則更增添了幾分
莊嚴肅穆的氣氛。

[TEL] 0745-93-2003　[所在地] 奈
良県宇陀市室生78
➡ P.172

介紹不僅是日本，甚至聲名遠播
至全世界的知名神社寺院，
瞭解座落地點與建築的由來解說
能更增添觀賞的趣味。

**廣島縣
廿日市市**

與蔚藍碧綠相襯的朱漆建築
宛如漂浮於海面上的龍宮城

1 嚴島神社
いつくしまじんじゃ

看似浮在海面上的朱漆大鳥居是宮島
的代表風景，近距離眺望更能感受其
巨大的威容

自然與建築物融合為一的日本之美
平清盛於神之島所打造的海上社殿

　　宮島為自古以來即為備受尊崇的「神之島」。神社創建的歷史可追溯至超過1400年前的推古天皇時代，相傳由本地的權勢人士佐伯鞍職於593（推古天皇元）年所建。之後深受當時武將、公家虔誠信仰，1168（仁安2）年平清盛將社殿修造成現今的典雅外觀。有如平安貴族宅邸般的寢殿造社殿呈現莊嚴風雅的韻味，連同矗立於海面上的大鳥居隨著潮汐變化展現出不一樣的景致，神聖的樣貌也被喻為是「龍宮城」或「極樂淨土」。背後的彌山綠意和瀨戶內的蔚藍大海、朱紅色社殿交織成的美麗景觀已獲選為日本三景之一，並於1996（平成9）年登錄為世界遺產。

Keyword

▶平清盛 平安末期的武將。建造嚴島神社後，一路從武士平步青雲至太政大臣的職位，開創平氏一族的極盛之世。
▶寢殿造 平安時代的貴族住宅樣式。主體建築寢殿的左右各有建物，並以迴廊相連接。京都御所亦為同一樣式。

| 御祭神 | 市杵島姬命、田心姬命、湍津姬命 |
| 靈驗項目 | 家內平安、商業繁盛、必勝祈願、考試合格等 |

[TEL]0829-44-2020
[所在地]廣島縣廿日市市宮島町1-1
[交通]JR宮島口站步行5分，宮島口棧橋搭渡輪10分，宮島棧橋下船步行15分
[時間]6：30～18：00(有季節性變動)　[休]無休
[費用]300日圓

重要祭典

4月15日 桃花祭 とうかさい
向祭神供奉桃花，並於高舞台奏奏11曲舞樂。從翌日16日起連續3天，能舞台還會舉辦「御神能」上演能劇和狂言。

舊曆6月17日 管絃祭 かんげんさい ▶P.208
此優雅的祭神儀式源起於模仿平安貴族的「管絃遊」。下午4時御座船啟航，邊於船內演奏雅樂邊展開海上出巡。

參拜建議
潮位250cm以上時可一睹社殿宛如飄浮在海面般的情景，以及漲潮時海水漫延至迴廊正下方的模樣！此外，輪椅使用者也能輕鬆進入神社參拜唷。

宮島觀光協會
濱村 大樹先生

名列日本三舞台之一
高舞台
たかぶたい

奉納舞樂的舞台。平清盛引進大阪四天王寺的舞樂後即一路傳承至今。現存舞台為1546（天文15）年所建。

紅柱成列的壯觀景色
迴廊
かいろう

各社殿以長約275m的迴廊相互連接。地板設置了間隙讓海水流洩，防止建物因水害造成損壞。已獲指定為國寶。

日本最大規模的木造鳥居
大鳥居
おおとりい

建造離拜殿約196m處的海面上，高16m。目前的鳥居重建於1875（明治8）年，柱基並無埋入海底，僅憑約60噸的重量及支柱確保穩固。

參拜重點
搭櫓槳船前往大鳥居附近
乾潮時能直接由御笠濱徒步至鳥居下方，滿潮時則可搭木造的櫓槳船穿越過鳥居。從鳥居眺望的社殿風景也很漂亮。

滿潮時浮在海面上的舞台
能舞台
のうぶたい

日本唯一的海上舞台,現存的舞台建於1680(延寶8)年。地板下方並無放置可增加踩腳聲響的空甕,而是藉由加寬橫木間隔等方式達到共鳴的效果。

國寶級的核心建築
御本社
ごほんしゃ

神社內最重要的社殿,內部祭奉著三女神。從靠海側依序為祓殿、拜殿、幣殿、本殿,本殿於1571(元龜2)年由毛利元就改建。

合格祈願靈驗的天神
天神社
てんじんしゃ

建於1556(弘治2)年,為毛利元就之子隆元所寄贈的攝社。供奉學問之神菅原道真,因此吸引許多人前來祈求考試合格。

地圖標示:
- 大鳥居
- 表參道商店街
- 乾潮時可從這一帶走下海濱
- 御笠濱
- 入口
- 客神社
- 右門客神社
- 右樂房
- 鏡之池
- 火燒前
- 東迴廊
- 左門客神社
- 平舞台
- 枡形
- 高舞台
- 內侍橋
- 御本社
- 內侍橋
- 能樂屋
- 能舞台
- 不明門
- 西迴廊
- 大國神社
- 出口
- 天神社
- 長橋
- 反橋
- 鏡之池
- 大願寺
- 大本山大聖院
- N
- 0 25m

Column
社殿建在海上的理由

自古以來整座宮島被視為神域,因此懷著敬畏之心不將社殿蓋在陸地反而選擇佇立於海上。據傳於平清盛的時代,正式的參拜路線即乘坐櫓槳船穿越大鳥居。

從大海引路至神社的燈火
火燒前
ひたさき

置於高舞台前方的平舞台前端處,以往為了指引海上的參拜船隻會點燃燈火。已獲指定為國寶。

參拜重點
日落後的點燈也極具美感

從太陽西下後30分鐘至23時,大鳥居和社殿皆有如漂在夜空中般,瀰漫著如夢似幻的氛圍。除非夜間有祭神活動,否則每天都會點燈裝飾,也可搭乘遊覽船欣賞景色。

結緣之神「大國樣」
大國神社
だいこくじんじゃ

嚴島神社內為數眾多的攝社之一,與出雲大社同樣都是祭祀結緣之神大國主命。

周邊景點 MAP

宮島是日本屈指可數的觀光地。從可吃遍美食、採購伴手禮的商店街，到能親子同樂的水族館、健行景點應有盡有。

將瀨戶內海分成十個展區介紹
宮島水族館 みやじマリン
みやじますいぞくかん みやじマリン

展示以瀨戶內海為中心約350種、13000隻以上的水中生物。介紹海面上的牡蠣棚架模樣，每天還有海獅的現場表演秀。
📞0829-44-2010 🏠広島県廿日市市宮島町10-3
❌宮島棧橋步行25分

供奉弁財天的真言宗古刹
大願寺
だいがんじ

相傳由弘法大師製作的藥師如來等4尊佛像，是為國家的重要文化財。本尊嚴島弁財天為日本三大弁財天之一。
📞0829-44-0179 🏠広島県廿日市市宮島町3 ❌宮島棧橋步行17分

宮島歷史最古老的寺院
大本山大聖院
だいほんざんだいしょういん

由弘法大師於平安初期所開創，勅願堂內安置著豐臣秀吉出兵朝鮮時的軍船守護佛──浪切不動明王像。
📞0829-44-0111 🏠広島県廿日市市宮島町210 ❌宮島棧橋步行20分

用餐、買特產的好去處
表參道商店街
おもてさんどうしょうてんがい

一般多稱為清盛通，街上餐飲店、伴手禮店林立。提供牡蠣、星鰻等宮島名產及傳統工藝品的店家齊聚，可享受邊吃邊逛的樂趣。
❌宮島棧橋步行5分

順道一嘗

牡蠣
尤其推薦以燒烤方式烹調的鮮嫩帶殼牡蠣，在表參道商店街上邊走邊吃也很愜意。

星鰻飯
米飯上鋪著蒲燒星鰻的宮島代表名產。名店「うえの」就位於宮島口車站前，也可購買便當外帶享用。

祭祀平清盛的神社，建清盛逝世770年後的19○（昭和29）年。每逢3月20日舉辦清盛神社祭

清盛神社 ⛩

大野瀬

宮島水族館・みやじマリン

国民宿舎 みやじま杜の宿 🏠
大元神社 ⛩
大元川

範例行程

上午 感受嚴島神社的莊嚴氛圍，品嘗宮島名產
搭渡輪前往宮島，參拜嚴島神社。參拜完莊嚴的社殿後，可徒步或搭檯槳船到大鳥居附近。遊覽宮島水族館後，即可享用名產星鰻飯或牡蠣當午餐。若還有時間，不妨造訪一下祈願靈驗的大願寺。

下午 從彌山獲取能量，遊逛商店街購物
從紅葉谷公園先搭纜車到彌山山腰，再步行30分鐘至山頂，能享受山林間的自然綠意以及從山頂上眺望的瀨戶內海美景。下山後前往五重塔、豐國神社參拜，再到表參道商店街小憩片刻、選購伴手禮。

由當代權勢者奉納的貴重寶物
嚴島神社寶物館
いつくしまじんじゃほうもつかん

展示部分神社的珍藏寶物，其中又以《平家納經》（展品為複製品）最為知名。
📞0829-44-2020（嚴島神社）🏠広島県廿日市市宮島町1-1 ❌宮島棧橋步行16分

伴手禮

紅葉饅頭

發祥於宮島的廣島熱門伴手禮。除紅豆餡外還有巧克力、奶油、抹茶口味以及炸饅頭等，種類豐富。

宮島口棧橋 🚏
宮島口棧橋 🚏

⊗宮島中

N
0　　　100m

觀光服務處
宮島棧橋
宮島傳統產業會館
宮島工房

渡輪碼頭。由兩家業者經營往來對岸宮島口的渡輪，每隔10～15分鐘出航

今伊勢神社 🏯
存光寺 卍
ホテルみや離宮 H

以前曾是島上的主要街道，但如今只是一般的巷道。傳統町家建築的民宅、復古摩登的店家林立

宮島郵局 〒
町家通
表參道商店街

檜皮蓋屋頂與朱漆的完美搭配

五重塔

ごじゅうのとう

高約28m的塔樓建於室町初期，為融合日式與唐朝建築樣式的建物。原本安奉的佛像在明治元年的神佛分離政策下被遷移至大願寺。
☎0829-44-2020（嚴島神社）
📍広島県廿日市市宮島町1-1
🚊宮島棧橋步行13分

檜婆船搭乘處

大鳥居最近的絕佳取景點。乾潮時可由這裡行至大鳥居，夕陽景也很迷人

大鳥居

豐國神社（千疊閣）
五重塔
卍光明院

嚴島神社

H宮島グランドホテル有もと

歷史民俗資料館
卍大願寺

嚴島神社寶物館

岩惣 H
紅葉谷川

祭祀豐臣秀吉與加藤清正

豐國神社（千疊閣）

ほうこくじんじゃ（せんじょうかく）

1578（天正15）年豐臣秀吉下令開始建造大經堂，但在秀吉過世後即呈未完工的狀態，明治時期改為祭祀秀吉的豐國神社。由於鋪設了857張榻榻米，因此又有千疊閣之稱。
☎0829-44-2020（嚴島神社）
📍広島県廿日市市宮島町1-1
🚊宮島棧橋步行13分

能欣賞近700棵楓樹和變葉木的紅葉景點，11月中旬～下旬左右是最佳賞景時節。春夏期間則是一整片的清新綠意

通往彌山山腰獅子岩的纜車搭乘處，從車廂內眺望的瀨戶內海與彌山景色也是一絕

菊乃家 H
🏯四宮神社
紅葉谷公園

沿著嚴島神社神職人員所的幽靜街道，充滿特色的古民家建築如昔

瀧小路

從山頂環視瀨戶內海絕景

彌山

みせん

海拔535m，整座山被尊為御神體。嚴島神社背後有綿延的原始林，山頂附近還有古老寺社散落其間。可徒步健行至山頂。
☎0829-44-2011（宮島觀光協會）　🚊宮島棧橋至紅葉谷站步行30分，紅葉谷站至獅子岩站搭宮島纜車15～30分

雪舟園
白糸川
大本山
大聖院 卍

紅葉谷站
宮島纜車
彌山

🏮住宿資訊　可一望瀨戶內海的棧橋附近有許多住宿設施。紅葉谷公園內也有氣氛幽靜的溫泉旅館，充滿風情的町家通上也散佈著多家旅館。

日本10大絕景寺社　嚴島神社

39

在音羽山變換多端的自然景色中
一路見證古都歷史的名剎

2 清水寺
きよみずでら

京都府
京都市

日本10大絕景寺社

清水寺

從奧之院所眺望的本堂與清水舞台。一早來訪，還能欣賞沉浸在一片幽靜中的寺院與街景

感受本堂氣勢恢弘的氛圍
親眼一睹巨大高聳的舞台

　　殿堂座落於東山36峰一隅，音羽山山腰處佔地廣大的寺域，源起於778（寶龜9）年延鎮上人在山麓發現音羽瀑布後所搭建的草庵。安奉著清水觀音的寺院不僅受到武士和貴族信仰，也深得平民百姓的愛戴。曾多次在災害和戰火中焚毀，目前的建物為1633（寬永10）年由德川家光建造，最受矚目的焦點當然非清水舞台莫屬。可一望眼前錦雲溪山崖邊的季節花卉及紅葉美景，還能遠眺後方的京都街景。不妨從下方仰望支撐厚重舞台的樑柱模樣，或是一探尊皇攘夷派僧人們的悲劇歷史。1994（平成6）年登錄為世界遺產。

Keyword ⚷

▶懸造 打造如清水舞台般座落在陡峭斜坡上的建築工法，不使用一根釘子僅靠多根樑柱交錯成格子狀。

▶音羽山 佔地約13萬㎡的寺域就盤據在山腰處，從這裡湧出的清水亦即寺名的由來。

宗派	北法相宗
御本尊	清水型十一面千手觀音像

[TEL]075-551-1234　[所在地]京都府京都市東山区清水1-294　[交通]市巴士，五条坂下車步行10分
[時間]6：00～18：00(夜間特別拜謁、成就院庭園特別拜謁期間會有變動)　[休]無休　[費用]300日圓(夜間特別拜謁400日圓、成就院庭園特別拜謁600日圓)
[URL]www.kiyomizudera.or.jp

重要祭典

3月中旬／4月上旬／9月中旬 青龍會
始於2000（平成15）年瞻仰御本尊的御開帳紀念儀式，屆時會由觀音的化身、鎮守東方的青龍巡繞境內和門前町。

8月中旬 千日詣
於一年當中能得到最多觀音功德的期間前往參拜，則一次就能獲得等同於參拜一千次的功德利益。千日詣期間中可至內內陣向佛像獻燈。

參拜建議

走至清水舞台時不妨觀察一下本堂建物的腰部位置。可以發現江戶時代的參拜者在光線昏暗的深夜，拿著木棒邊敲擊本堂建物的周圍邊巡繞概堂祈願所留下的痕跡。由此可一窺以舞台著稱的清水寺，同時也是廣受眾人虔誠信仰的觀音寺院。

京都史蹟導覽志工協會
工作人員　細田茂樹先生

景點Check!!

境內導覽

紅白兩色對比鮮明的山門
仁王門
におうもん

山門於應仁之亂中燒毀，15世紀末才又重建，2003（平成15）年曾進行解體整修工程。屋頂為檜皮葺樣式，左右聳立的仁王像為京都最大規模。

31m高的三重塔為日本最大規模
三重塔
さんじゅうのとう

847（承和14）年創建，1632（寬永9）年重建，並於1987（昭和62）年解體整修，重現色彩絢麗的佛畫及圖樣。

以成就眾生所求的菩薩為御本尊
隨求堂（慈心院）
ずいぐどう（じしんいん）

於18世紀初重建，2006（平成18）年曾進行解體整修。從2000年起開設的「環遊胎內」體驗活動相當受到歡迎。

參拜重點

春·夏·秋三季的夜間特別拜謁
以本堂、舞台為中心，境內所有建物彷彿漂在漆黑的音羽山間，營造出朦朧夢幻的氣氛。春天的櫻花雲海、秋天如火熖般的紅葉，更是美不勝收。

清水寺的精華所在
本堂・舞台
ほんどう・ぶたい

1633（寬永10）年重建，本堂由外陣、內陣、內內陣三個空間組成。前方突出於音羽山崖邊的舞台為離地13m高的懸造式建築，以多根櫸木交叉搭建而成。

參拜重點

本堂入口的祈福許願景點
男生若舉得起入口旁重達90kg以上的大錫杖即可飛黃騰達，女生若拿得起高木履即可一輩子榮華富貴。可於外陣西側參觀室町時代打造的出世大黑天像。

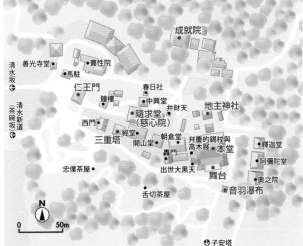

善光寺堂
清水坂
清水新道〈茶碗坂〉
成就院
寶性院
馬駐
仁王門
鐘樓
春日社
中興堂
弁財天
隨求堂（慈心院）
地主神社
西門
三重塔
經堂
開山堂
朝倉堂
轟門
弁慶之錫杖與高木屐
本堂
釋迦堂
阿彌陀堂
忠僕茶屋
出世大黑天
舞台
奧之院
舌切茶屋
音羽瀑布
N
0　　50m
子安塔

Column
諺語「清水的舞台」逸聞

「就當作是從清水的舞台縱身躍下」常用來比喻破釜沉舟的決心，但據說元祿時代盛行跳清水舞台，當時的生存率竟高達85％。而跳清水舞台的原因更是出乎意料，大家深信向清水觀音祈願後，從舞台跳下去若還能活命，願望就可以實現。雖然是個迷信，但卻在民間廣為流傳。

清水寺名稱由來的瀑布
音羽瀑布
おとわのたき

由鴨川的伏流所湧出的瀑布，原本是瀑布修行的場所。分成3條水柱落下，從右至左分別代表長壽、姻緣、學業，取一口想要祈求的泉水飲用就能願望成真。

參拜重點

到地主神社祈求良緣
位於本堂後方、以結緣之神而廣為人知，據說歷史可上溯至神治時代。主祭神為結緣之神大國主命及其雙親、祖父母，因此也能祈求獲得子嗣和平安順產。

地主神社 じしゅじんじゃ
☎075-541-2097
🏠京都府京都市東山区清水1-317

眺望「月之庭」小憩片刻
成就院
じょうじゅいん

應仁之亂後於1639（寬永16）年重建，原本是致力於募資建造清水寺的願阿上人住所。「月之庭」為國家指定的名勝，春秋兩季會特別對外開放。

•祇園甲部歌舞練場

卍大中院

安井北門通

卍西來院

清水寺

周邊景點 MAP

京都觀光的熱門區域，產寧坂（三年坂）、二年坂的街道以及八坂塔的身影都充滿著濃郁的京都風情。東大路通西側的祇園地區，也有能量景點散佈其間。

卍兩足院

卍東山安井

开 安井金比羅宮

卍靈洞院

藤原鎌足創建，原本為深得崇德天皇喜愛的紫藤寺院

安井金比羅宮 ➡P.97
やすいこんぴらぐう

源起於後白河法皇興建的光明院觀勝寺，1695（元祿8）年太秦安井的蓮華光院被移建來此地。供奉崇德天皇和金刀比羅宮（➡P.149）的主神，當地人暱稱為安井的金比羅。

☎075-561-5127
住京都府京都市東山区東大路松原上ル下ル弁天町70
交市巴士・東山安井下車即到

卍靈源院

卍大統院

八坂通

六道珍皇寺 卍

西福寺 卍

松原通

平安時代於六道珍皇寺的前方有座葬儀場，因此據說現世與冥界的交界處就在這附近

♀清水道

♀清水道

951（天曆5）年由醍醐天皇的二皇子空也上人創建，平氏一族的六波羅殿也在這一帶

六波羅蜜寺 卍

○東山区役所

庚申信仰的誕生地，為日本三大庚申堂之一

八坂庚申堂
やさかこうしんどう

建於平安時代，正式名稱為金剛寺庚申堂。境內的倒吊猴掛飾，是必須克制自己只寫下一個願望才能實現的護身符。

☎075-541-2565　住京都府京都市東山区金園町390
交市巴士・清水道下車步行3分

六波羅裏門通

⊗開晴中

⊗東山署

东大路通

开若宮八幡宮

五条坂
東山五条 ♀

範例行程

起個大早等清水寺一開門就進場，感受寧靜的氛圍

上午　清水寺全年的開門時間皆為早上6時。挑這個時段來即可避開人潮，還能邊聆聽小鳥的嘰喳聲邊一路慢慢參觀。接著可至產寧坂、二年坂一帶購物或喝茶，午餐就選擇ひさご，在大排長龍前提早入內享用。

造訪高台寺和寧寧之道追憶寧寧夫人

下午　參觀高台寺時，可感受思念豐臣秀吉的寧寧夫人的心情。寧寧之道的沿路也有許多京都特色伴手禮可選。接著悠閒漫步在石塀小路的石板路上，前往祇園的途中也可先繞去安井金比羅宮參拜一下。

地點絕佳的五重塔

八坂塔（法觀寺）
やさかのとう（ほうかんじ）

為京都觀光中心地──東山的象徵地標。雖為法觀寺的塔樓，但卻以八坂塔的名稱廣為人知。相傳是589（崇峻天皇2）年由聖德太子所建。

☎075-551-2417
住京都府京都市東山区八坂通下河原通東入ル八坂上町388　交市巴士・清水道下車步行5分

八坂神社

位於高台寺西側道路。往北即圓山公園，往南可至清水寺，觀光客和人力車絡繹不絕

石塀小路地處於寧寧之道和下河原通之間，細長婉蜒的石板路兩側也有料亭和旅館

卍月真院

寧寧之道

本寺卍

石塀小路

卍圓德院

卍高台寺

• 高台寺庭園

ひさご就在石塀小路的一隅，淋上高湯後味道濃郁，口感鬆軟的親子蓋飯廣受好評

京都靈山護國神社 ⛩

靈山觀音 卍

春光院 卍

八坂塔為最有京都風情的景點之一，要取景拍照的話可至八坂通周邊

幕末維新博物館•靈山歷史館

靈明神社 ⛩

卍八坂塔(法觀寺)

二年坂

二年坂

卍八坂庚申堂

りょうぜん ♨

真覺寺

八坂通 かさぎ屋 ☕

竹久夢二也曾光顧的甜點店，三色荻餅是人氣商品之一

京料理店「明保野亭」在幕末當時為料亭兼旅館，也是坂本龍馬經常下榻的場所

卍

大坂

靈山興正寺別院 卍

產寧坂(三年坂)•

明保野亭

卍西光寺

產寧坂

清水坂

真福寺 卍

五条坂

從東大路延伸至清水寺的平緩坡道，一旁有許多賣清水燒的店家

清水新道(茶碗坂)

成就院庭園•

卍成就院

卍寶性院

地主神社 ⛩

三重塔•

卍 清水寺

忠僕茶屋 ☕

卍延命院

舌切茶屋 ☕

奧之院•

音羽瀑布•

寧寧為憑弔豐臣秀吉而建的菩提寺

高台寺 ➡ P.28

こうだいじ

因豐臣秀吉過世而悲傷不已的正宮寧寧於1606（慶長11）年所建。在德川家康的資助下，建造上極盡奢華，由小堀遠州設計的庭園也相當吸睛。

☎ 075-561-9966 🏠京都府京都市東山區高台寺下河原町526
🚌市巴士•東山安井下車步行7分

尋覓女生喜愛的京都小物

產寧坂(三年坂)•二年坂

さんねいざか(さんねんざか)•にねんざか

連結清水寺和高台寺的主要石板坡道。兩旁盡是京都代表性的雜貨老舖、甜點店、和料亭，為京都觀光絕不可錯過的場所。

🚌市巴士•清水道下車步行8分

順道一嚐

和風甜點
充滿京都特色的甜點店內，從紅豆湯、荻餅、刨冰之類的道地日式甜點到抹茶聖代、抹茶蛋糕卷等應有盡有。

懷石午餐
下河原、石塀小路等地區有許多料亭。正統的京料理當然價格不斐，但懷石午餐的價位相對合理，很值得推薦。

伴手禮

清水燒(京燒)
附近有許多製陶師和窯場，因此清水周邊的陶器有清水燒之稱。若有中意的就買回家作紀念吧。

🏠住宿資訊 東大路通東側、東山一帶的小旅館數量比飯店來得多，近來人氣竄升的民宿則以祇園等地區較多。

將日本最高峰視為御神體崇拜
流露出高雅氣息的樓閣社殿

3 富士山本宮淺間大社

ふじさんほんぐうせんげんたいしゃ

⛩
靜岡縣
富士宮市

日本
10大絕景
寺社

日本 10大絕景寺社

富士山本宮淺間大社

創建於富士山南麓的富士信仰中
心地，御神體的富士山和御神木
的櫻花將社殿妝點出和風情調。

47

全國1300多座淺間神社的總本宮
淺間造樣式的本殿為德川家康所捐獻

自古以來靈峰富士在日本人心目中擁有崇高的地位，富士宮市的淺間大社就以日本第一的富士山為御神體。根據社傳記載西元前27（垂仁天皇3）年為了平息富士山的噴發，垂仁天皇於山麓處開始供奉淺間大神。平安時代的806（大同元）年，由坂上田村麻呂遷宮至目前的場所。關原之戰後的1604（慶長9）年，德川家康為了答謝戰勝祈願捐贈了豪華社殿。罕見的雙層結構本殿、拜殿和樓門，往日的風貌如今依舊。境內栽種了500多株櫻花，抬頭就能望見雄渾壯闊的富士山，春暖花開天氣晴朗時相互暉映演繹出的日本之美更是一絕。富士山頂上設有奧宮，過了八合目後即神社的境內地。

Keyword

▶淺間大神 即御祭神木花之佐久夜毘賣命，掌管美貌的女神，櫻花為其象徵。同時也是水德之神，相傳垂仁天皇在富士山麓供奉後就此平息了富士山的噴發。

▶德川家康 完成一統天下夙願的家康，除了豪華社殿外還將富士山八合目以上的土地全都捐獻給了神社。

御祭神	木花之佐久夜毘賣命
靈驗項目	平安順產、消除火災、家庭圓滿等

[TEL]0544-27-2002　[所在地]靜岡縣富士宮市宮町1-1
[交通]JR富士宮站步行10分
[時間]5：00～20：00(11～2月6：00～19：00，
3、10月5：30～19：30)　[休]無休
[費用]免費　[URL]fuji-hongu.or.jp/sengen

重要祭典

4月上旬 櫻花祭 おうかさい
慶祝御祭神木櫻花的綻放。開花期間會於境內500多株櫻花樹下，舉辦夜間燈籠點燈和獻奏雅樂等活動。

7月上旬 富士開山祭 ふじかいざんさい
配合富士山開山的時間舉行，祈求庇佑登山客的安全。開山前後幾天，還有奉納煙火等各式活動。

參拜建議

涼爽宜人的早晨是參拜的最佳時機，參拜後還可前往東脇門外的湧玉池逛逛。為富士山雪水湧出的靈池，也是廣受歡迎的休憩場所。

第26屆富士山小姐冠軍
石川 優子小姐

富士宮站步行5分鐘的距離
一之鳥居
いちのとりい

矗立於離二之鳥居南邊300m遠的街上。高約16m，比二之鳥居更巨大。

之後即一路筆直的參道
二之鳥居
にのとりい

位於參道的起點，附近就有停車場，因此大多數人都從這裡開始參拜。為熱門的照相景點，能和鳥居與富士山同時入鏡，春天時節還能連同櫻花一起入鏡。

櫻花環繞的流鏑馬祭神儀式舞台
櫻之馬場
さくらのばば

每年5月舉行流鏑馬祭的場所，相傳起源於1193（建久4）年源賴朝供奉流鏑馬而來。通道兩側皆種植著御木櫻花。

參拜重點

5月有觀光客喜愛的流鏑馬祭
5月5日會在櫻之馬場舉行流鏑馬祭。穿著鎌倉武士狩獵裝束的射手們從馬背上瞄準標靶連續拉弓放箭，勇猛威武的英姿每年都吸引大批遊客前來觀賞。

可一窺神社風格的氣派樓門

樓門

ろうもん

行經櫻之馬場後眼前即壯觀的樓門，與本殿皆為德川家康於同一時期所建。雙層結構的入母屋造樣式建築約12m高，兩側置有隨神像守護著神社，正前方則佇立著氣派的拜殿和本殿。

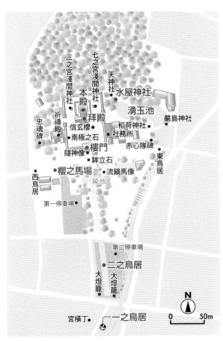

三之宮淺間神社
七之宮淺間神社
天神社
水屋神社
本殿
祈禱殿
拜殿
湧玉池
忠魂碑
信玄櫻
稻荷社
嚴島神社
南極之石
社務所
隨神像
樓門
赤心隊碑
櫻之馬場
鉾立石
東鳥居
西鳥居
流鏑馬像
鏡池
第一停車場
神田川
第二停車場
二之鳥居
大燈籠
大燈籠
宮橫丁
一之鳥居
N
0 ____ 50m

column

Column

富士山信仰與登山的歷史

高聳雲端的神聖之美、偶爾出現火山噴發威脅的富士山，讓日本人自史前時代以來就一直懷抱著敬畏之心。整座山都被視為神明居的聖域，在古代是只能從遠方朝拜的「遙拜之山」。中世以後變成修驗者入山進行修行的「登拜之山」，並在山頂築起佛教寺院、供奉佛像。不久後富士信仰在平民百姓間廣為流傳，江戶中期團體一起前往富士參拜的富士講在關東地區蔚為流行。如今富士山的觀光登山活動相當熱門，從古至今傳承下來的富士信仰歷史也獲得國際的評價認同，2013（平成25）年成功登錄為世界遺產。

可供靈山參拜者潔淨身心的靈水

湧玉池・水屋神社

わくたまいけ・みずやじんじゃ

池水是從熔岩縫隙間湧出的富士山雪水，據說以前修驗者會在此地淨身後才進入富士山。已被指定為國家特別天然記念物。水源地附近置有水屋神社。

參拜重點

將古老相傳的靈水帶回家

湧玉池的著名靈水也曾入選平成名水百選之列。水屋神社前設有免費取水的空間，不妨自備容器將靈水的能量帶回家吧。

美麗雕刻也是必看焦點

本殿・拜殿

ほんでん・はいでん

參拜客進行參拜儀式的拜殿後方即本殿。2層樓的建築物在神社建築中實屬罕見，被稱為淺間造。1樓為4方都有屋頂的寄棟造樣式，2樓則是2面有曲線屋頂的流造樣式，皆來自德川家康的捐獻。

日本10大絕景寺社　富士山本宮淺間大社

富士山本宮淺間大社
周邊景點 MAP

稍微遠離富士宮市區，就有許多能親近富士山山麓雄偉大自然的景點。若自行開車即可一次造訪多個地方，十分方便。

範例行程

參拜神社感受富士山的能量

上午

從二之鳥居沿著參道走至富士山本宮淺間大社。拜殿參拜後，前往湧玉池汲取靈水。接著造訪淺間大社的前身山宮淺間神社以及成為修驗場的村山淺間神社，再到宮橫丁吃富士宮炒麵當午餐。

沉浸在山麓大自然與富士山的美景

下午

下午不妨開車兜風邊欣賞富士山麓的自然景觀，可前往充滿負離子的白絲瀑布、富士山觀景地的田貫湖。再到朝霧高原的馬飼野牧場親近動物，品嘗新鮮的乳製甜點小歇片刻。

田貫湖•
休暇村 富士🏨
  9田貫湖キャンプ場
馬飼野牧場•9まかいの牧場 71
414 139

與動物開心互動
馬飼野牧場
まかいのぼくじょう

擁有眺望富士山絕佳視野的觀光牧場，提供擠牛乳、騎馬、製作乳酪等豐富多樣體驗活動。
☎0544-54-0342 🏠靜岡県富士宮市内野1327 🚌JR富士宮站搭往河口湖方向的富士急靜岡巴士25分，まかいの牧場下車即到

熊野神社 白糸の滝
🏯 9觀光案内所前
白絲瀑布●•9音止瀑布
芝川

欣賞美麗的逆富士
田貫湖
たぬきこ

座落於朝霧高原上的湖泊。正面可眺望富士山的絕景，同時享受釣魚、划船、露營的樂趣。4、8月的20日前後，還能見到太陽從山頂升起的鑽石富士景色。
☎0544-27-5240（富士宮市觀光協會）🏠靜岡県富士宮市猪之頭 🚌JR富士宮站搭往休暇村富士方向的富士急靜岡巴士45分，田貫湖キャンプ場下車步行5分

狩宿之下馬櫻●
75
相傳鎌倉時代的源賴朝曾於狩獵時將馬匹駐紮於此，櫻花樹的樹齡已餘800年

大石寺卍
卍本門寺
469

三門、五重塔都很值得欣賞，亦為枝垂櫻和染井吉野櫻盛開的名勝

🏯山宮淺間神社

村山淺間神社🏯
469

曾為修驗道的中心地，明治時代以前設有興法寺。四周巨杉林立，營造出神聖的氛圍

湧水從高處直落的知名瀑布
白絲瀑布
しらいとのたき

富士山的湧水沿著彎曲的岩壁分成數條水流落下，高20m、幅寬150m。擁有滿滿的負離子，是夏天最佳避暑聖地。
☎0544-27-5240（富士宮市觀光協會）🏠靜岡県富士宮市上井出273-1 🚌JR富士宮站搭往白糸の滝方向的富士急靜岡巴士30分，白糸の滝觀光案内所前下車步行5分

414
淺間大社的前身，據說由日本武尊所創設。並無本殿和拜殿，僅設置可朝拜富士山的遙拜所

184
139 180
158

潤井川
182

富士山本宮淺間大社

🏯 •宮橫丁
西富士宮站 富士宮站 源道寺站 富士站
身延線
♨芝川站

N
0 1km

久須志神社

富士山

富士山本宮
淺間大社 奧宮

> 富士山山頂有淺間大社的
> 奧宮，設有郵筒。最高峰
> 劍峰還矗立著一座標示海
> 拔高度3776m的地理碑

寶永山▲

富士宮口五合目

> 海拔2400m的登山口，
> 為車輛能夠通行的最高
> 點。設有休息站和富士
> 山綜合指導中心

富士山Sky Line

「登拜」富士山頂的奧宮

淺間大社的奧宮就設在富士山
頂上，若有計畫攻頂則一定要
去奧宮參拜。4條登山路線中離
奧宮最近的富士宮路線，以往
曾是修驗者修行時所利用的古
道。距離最短但一路皆為連續

陡坡，不愧是名符其實的修行之道。為了信仰而上山的
登拜，抵達奧宮後會習慣沿著近3km長的火山口繞行一
周進行「鉢巡」，如今也有許多登山客會嘗試挑戰。根
據佛教的教義若以順時針方向繞行八座山峰，奧宮末社
的久須志神社和金明水、銀明水就會湧出神水。

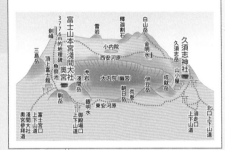

スノータウンイエティ

南富

H/Evergreen Line

● Grinpa

> 位於南麓的避暑地，也是
> 能欣賞富士山絕景的景
> 點。還可至富士山資料館
> 認識富士山的歷史與自然

十里木高原 ●

順道一嘗

富士宮炒麵
美味的關鍵在於有嚼勁的麵
條搭配肉渣和柴魚粉，可多
吃幾家比較一下味道。

虹鱒
富士宮擁有清澈的溪流，
虹鱒的產量為全日本第一。
鹽烤虹鱒或壽司都很推薦。

伴手禮

醃山葵
將利用富士湧水栽種的山
葵加入酒粕醃漬，為富士
宮著名的傳統鄉土味。

富士山資料館 ●

忠ちゃん牧場 ●

富士野生動物園 ●

→ 御殿場

黑岳

富士山兒童王國 ●

山神社

穗見神社

宮橫丁
おみやよこちょう

富士宮炒麵、靜岡關東煮、甜點等當地
招牌美食齊聚一堂，還有各種可買來當
伴手禮的特產。

☎0544-22-5341(富士宮炒麵學會)
🏠靜岡縣富士宮市宮町
🚉JR富士宮站步行8分

在貼近自然的環境中觀察動物

富士野生動物園
ふじサファリパーク

可搭乘專用巴士或自行開車，近
距離觀賞悠遊自在生活的獅子、
大象等大型動物。另設有以徒步
方式參觀的互動園區。

☎055-998-1311 🏠靜岡縣
裾野市須山藤原2255-27
🚉JR富士宮站車程30分

擁有1300年歷史的稻荷山
寄託於朱紅鳥居的庶民信仰

4 伏見稻荷大社
ふしみいなりたいしゃ

京都府
京都市

納

奥之院へ八丁

奥之院へ一丁

綠意山巒與朱紅鳥居形成鮮明的對比，綿延不絕的壯觀鳥居讓人忍不住想入內一探究竟

鎮座於山麓、清少納言也曾參拜
全國3萬座稻荷神社的總本宮

位於東山36峰最南端的稻荷山相傳是稻荷大神鎮座的聖山，源起於711（和銅4）年伊呂巨秦公於伊奈利山（稻荷山）三山峰設置神社祭祀農耕之神。應仁之亂時焚毀殆盡，之後本殿、樓門等建物分別於不同年代重建完成。兩層樓結構的樓門下層是無屋頂的入母屋造樣式，内拜殿的唐破風朱漆房檐、本殿往前延伸的流造樣式屋頂都很吸睛。林立在本殿背後的千本鳥居一路引著旅人往上走，穿越所有鳥居後即御山巡禮的起點。通往山頂的參道上還可見到被稱為御塚的神祠和鳥居。上山的路線以順時針方向為原則，但逆時針方向走起來其實較輕鬆。

Keyword

▶稻荷山 不只是本殿所在的山麓，整座山皆為伏見稻荷大社的神域。如今僅殘留神蹟，但應仁之亂前山頂上曾有神社佇立。

▶鳥居 代表神域的入口，從伏見稻荷大社的門前一路到山頂處處可見。自江戶時代以來就有捐贈鳥居的習慣，有祈求願望或還願答謝之意。

御祭神	宇迦之御魂大神、佐田彥大神、大宮能賣大神、田中大神、四大神
靈驗項目	五穀豐收、商業繁盛等

[TEL]075-641-7331 ［所在地］京都府京都市伏見区深草薮之内町68 ［交通］JR稻荷駅から徒步3分／京阪·伏見稻荷駅から徒步5分
［時間］［休］［費用］境内自由參觀 ［URL］inari.jp

重要祭典

4月下旬／5月上旬 稻荷祭 いなりさい
一年一度最重要的祭典儀式。4月下旬為神幸祭，5座神輿巡繞信眾居住的區域後暫時安置在御旅所，待5月3日的還幸祭時再返回稻荷大社。

11月8日 火焚祭 ひたきさい
感謝稻荷大神保佑五穀豐收，並向穀靈獻上寶座。總共有3項活動，分別為焚燒新稻稈的本殿祭、焚燒火焚串的火焚儀式、演奏御神樂。

參拜建議

不只有日本國内的信眾，最近來自國外的參拜遊客也不少。請先至本殿參拜，再造訪其他的景點。大多數人都會在千本鳥居的周邊取景拍照，但請避免使用三腳架。

**伏見稻荷大社 宣揚課 禰宜
岸 朝次先生**

由豐臣秀吉捐贈為祈願大政所病癒

樓門
ろうもん

穿越大鳥居後隨即映入眼簾。1589（天正17）年豐臣秀吉為祈求母親病癒而捐獻，是日本規模數一數二的神社樓門。

一路延伸至奥社奉拜所的朱紅鳥居隧道

千本鳥居
せんぼんとりい

綿延於本殿背後、通往奥社奉拜所之參道上的鳥居，皆來自伏見稻荷信眾們的獻納。鳥居、社殿的表面均塗有朱紅色顏料，又被稱為稻荷塗。

Column
「御稻荷桑」的象徵──朱紅鳥居與狐狸雕像

一提起稻荷神社的鳥居，任誰都會馬上聯想到朱紅色。朱紅色有避邪的作用，不只稻荷神社，許多神社佛閣也都選用此色。對稻荷神社而言，朱紅色不僅代表稻荷神的莫大能量，同時也象徵擁有生命、大地、生產的力量。狐狸是稻荷神的使者，一般神社大多設有狛犬，但稻荷神社卻在社殿前安置了僕狐（＝神的使者）白狐的雕像。除稻荷神社外也有其他神社以別種動物當使者。

焦點為內拜殿正面的唐破風朱漆房檐
內拜殿
ないはいでん

越過樓門、背朝外拜殿走10多個階梯而上即內拜殿，建於1961（昭和36）年。正面的房檐是擴建時才從別處移至內拜殿，原本是元祿時代裝飾在本殿之物。

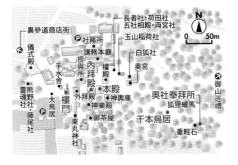

裝飾華麗的大型社殿建物
本殿
ほんでん

1499（明應8）年重建的稻荷造樣式本殿，向前延伸的屋頂看起來宛如與內拜殿相連成一體。從屋檐下方等處的裝飾可一窺桃山文化的特色。

稻荷山登山道的起點
奧社奉拜所
おくしゃほうはいしょ

位於穿越千本鳥居後的場所。通稱為奧之院，由於地處命婦谷因此又有命婦社的別名。社殿的正面懸掛著許多狐狸造型的繪馬。

參拜重點

引人目光的重輕石與狐狸繪馬
可於奧社奉拜所向重輕石、狐狸繪馬許願。舉起奧社奉拜所旁的石燈籠空輪（頂部的圓石），據說若以自己想像中來得輕心願就能成真。繪馬為附耳朵圖案的倒三角形白色木板，臉部表情可自行繪畫。

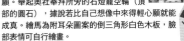

御山巡禮的景點

從奧社奉拜所再往前走，即整座山都是神域的稻荷山。祭拜所、名為神蹟的神明鎮座場所散落於山間，不妨以簡單的健行裝備繞行一圈吧。

詳細地圖請參照P.57

稻荷山登山的第一個景點
熊鷹社（新池）
くまたかしゃ（しんいけ）

附近有個別名為木靈池的新池，相傳面向池塘拍手並朝回音傳來的方向尋找，就能掌握線索找到下落不明的人。

稻荷山三峰的重要場所
御膳谷奉拜所
ごぜんだにほうはいしょ

位於三座山峰的溪谷匯集處，為每年1月5日在稻荷山上舉辦大山祭儀式的聖地。因御塚聚集又有御膳谷御塚群之稱。

至今仍是瀑布修行的場所
清瀧
きよたき

稻荷山上知名度最高的瀑布。雖不在登山路線內，但從御膳谷奉拜所往北邊的下坡道走也不過200m左右。由此處沿著西北方前進可至東福寺。

矗立著上社、233m高的稻荷山山頂
一峰（上社神蹟）
いちのみね（かみしゃしんせき）

海拔233m的稻荷山山頂稱為一峰，設有上社神蹟。神蹟內祭祀著末廣大神，能祈求庇佑商業繁盛。

伏見稻荷大社
周邊景點 MAP

大社前的參道上店家比鄰林立，可邊逛邊品嘗各種知名美食。再稍微往北走，還有東福寺、泉涌寺等名剎。

東福寺的塔頭寺院，丸山八海之庭、臥雲之庭皆由重森三玲於昭和年間修復完成

境內有相傳由雪舟所打造的枯山水庭園——鶴龜之庭，也被稱為雪舟寺。昭和年間由重森三玲復原

院內的波心庭又被稱為虹之苔寺。為昭和時代知名作庭家重森三玲的作品，散佈在象徵大海的白砂與青苔上的75顆石塊極具美感

東福寺站
東福寺站

卍大機院
卍靈雲院
一華院 卍
即

卍天得院
卍芬陀院
卍東福寺

東光寺 卍

卍正覺庵

卍光明院

伏見街道

南明院 卍
稻荷山隧道

阪神高速京都線

鳥羽街道站
京阪本線
琵琶湖疏水
奈良線
師團街道
伏見稻荷站
稻荷站
深草站
丹波橋站
桃山站

卍伏見妙見寺
弓矢八幡宮 开

裏參道商店街 ●
伏見稻荷大社 开

卍攝取院

奧社奉拜所再往前即是御山巡禮的路線

石峰寺

寶塔寺

要買名產稻荷壽司或伴手禮就來這

裏參道商店街
うらさんどうしょうてんがい

伏見稻荷大社有兩條參道，分別為JR稻荷站往東延伸的表參道以及橫亙於北側的裏參道。後者可通往京阪伏見稻荷站，沿路上有許多餐飲店和商店。

⊕ 京都府京都市伏見区深草薮之内町
⊗ JR稻荷站步行3分
京阪·伏見稻荷站步行5分

24

範例行程

參觀景點豐富的伏見稻荷大社須預留充分時間

上午

有樓閣、本殿、千本鳥居等眾多景點，可安排多點時間慢慢參觀。若天候佳、對自己腳程也有信心的人，則不妨挑戰一下御山巡禮。不過要有心理準備得費時2小時，如果不勝腳力的話走到熊鷹社（新池）即可。

午餐後搭電車或巴士前往東福寺

下午

可至裏參道商店街吃頓遲來的午餐，享用在地名產稻荷壽司。吃飽後再搭電車或巴士前往東福寺，只有1.5km的距離，所以徒步也行。若想體驗健行的樂趣，從御山巡禮的路線也有直接通往東福寺的近道。

ヶ丘高

楊貴妃觀音堂

位於泉湧寺內的觀音堂，於六羅寺像的中央置有聖觀音像。因為過於美貌而有楊貴妃觀音之稱

卍 泉涌寺

卍 雲龍院

→P.96

多位天皇陵墓所在的皇室菩提寺
泉涌寺
せんにゅうじ

由開山者月輪大師俊芿於1218（建保6）年所打造的殿堂，因有泉水湧出而改名為泉涌寺。

☎075-561-1551 🏠京都府京都市東山区泉涌寺山内町27 🚌市巴士‧泉涌寺道下車步行10分

初夏及秋天紅葉皆美得讓人醉心的洗玉澗
東福寺
→P.24
とうふくじ

由九條道家從奈良的東大寺和興福寺各取一字建造而成，為臨濟宗東福寺派的大本山。從通天橋、臥雲橋欣賞洗玉澗溪谷的繽紛紅葉景致，美不勝收。

☎075-561-0087 🏠京都府京都市東山区本町15-778
🚌京阪‧東福寺站步行10分

順道一嘗

烤麻雀、烤鵪鶉

稻荷大神是掌管五穀豐收的神明。對象徵豐收的稻穗而言，麻雀和鵪鶉都是大敵，為了消滅敵人因此整隻燒烤後全吃下肚。

稻荷壽司

其實伏見並非發祥地，但以狐狸愛吃的炸豆皮包入醋飯卻成了伏見稻荷的名產。切成三角狀的炸豆皮為其特徵。

狐狸烏龍麵

放上炸豆皮的烏龍麵也是人氣美食。口味微甜的炸豆皮，與烏龍麵高湯融合後更添美味。

伴手禮

狐狸煎餅

狐狸臉造型的餅乾。並不是一般的米菓煎餅，而是以麵粉和白味噌為原料再灑上芝麻提味。

日本10大絕景寺社
伏見稻荷大社

清瀧

● 三辻　● 三德社
● 荒神峰
● 御膳谷奉拜所
四辻
● 眼力社

御山巡禮路線

御山巡禮的分岔點，視野良好能眺望京都的街景。以順時針方向繞行才是正規的路線

● 熊鷹社（新池）

被尊崇為白菊大神
三峰（下社神蹟）

被尊崇為伊勢大神。額束兩側又有合掌狀破風扠首束的鳥居造型，相當罕見

間峰（荷田社神蹟）

● 藥力社
御劍社 釼石（長者社神蹟）

被尊崇為青木大神
二峰（中社神蹟）

於山上古圖中記載為釼石（雷石）之處

稻荷山的最高峰（海拔233m）
一峰（上社神蹟）

⛩伏見神寶神社

出自江戶中期畫家伊藤若冲之手的五百羅漢雕像
石峰寺
せきほうじ

於寶永年間（1704～11）年所興建的禪修道場，以黃檗山萬福寺為大本山。寬政年間（1789～1801）畫家伊藤若冲在此地蓋起草庵，著手製作五百羅漢的雕像。
☎075-641-0792
🏠京都府京都市伏見区深草石峰寺山町26
🚌京阪‧深草站步行5分

眼前視野突然一片開闊
令人屏息的極致之美

5 金閣寺
きんかくじ

京都府
京都市

日本 10大絕景寺社　金閣寺

晴朗好天氣當然不用說，就連陰天或
下雪時，由金閣、鏡湖池和四周樹木
交織而成的景致美得就像幅畫般

絢爛奪目的金色舍利殿
與周遭景色渾然成一體

正式名稱為鹿苑寺。原本是公家西園寺的所有地，1397（應永4）年足利義滿接收後打造了北山殿，成為室町幕府的政治中心地。義滿過世後北山殿於1420（應永27）年改為禪寺，勸請夢窗疎石開山並命名為鹿苑寺。三層樓結構的金閣佇立在鏡湖池的北畔，散發出耀眼的金色光芒與優雅的品味格調。僅第二層和第三層貼有金箔，第一層則維持白木外觀而無金箔裝飾。

1950（昭和25）年金閣遭縱火全部燒毀，歷時5年才重建恢復原本美麗的樣貌。1994（平成6）年登錄為世界遺產。

Keyword 🗝

▶足利義滿 室町幕府的第三代將軍。統一南北朝，開創出室町時代的全盛期。一手打造金閣寺，致力於發揚北山文化。
▶北山殿 足利義滿從西園寺公經手上接收的別墅，又被稱為北山第、北山山莊。為初期室町文化的中心地。

宗派	臨濟宗相國寺派
御本尊	觀世音菩薩

[TEL]075-461-0013 ［所在地]京都府京都市北區金閣寺町1 ［交通]市巴士・金閣寺道下車步行5分
[時間]9：00～17：00 ［休]無休 ［費用]400日圓
[URL]www.shokoku-ji.jp

重要祭典

2月上旬／8月中旬 不動堂開扉法事 ふどうどうかいほうよう
不動堂內供奉著相傳由弘法大師製作的不動明王，每年於節分和大文字五山送火都會舉行法事。屆時從鹿苑寺的本山相國寺會有僧侶前來誦念大般若經。

11月下旬 開山忌 かいざんき
於鹿苑寺開山祖師夢窗疎石的忌辰之日舉辦法會。

參拜建議

清晨是金閣寺最美的時段。若能看到旭日照射下的金閣更是一絕，如果來不及的話則盡量在上午較早的時段。能欣賞金閣正面的觀景點總是擠滿人潮不易取景，一旦有空位時請迅速拍照，再將位置留給後面等待的遊客。也請大家別忘了金閣其實是收藏佛陀遺骨的舍利殿，並且也是受到信徒尊崇的信仰對象。

京都史跡導覽志工協會
工作人員 細田 茂樹先生

境內導覽

足利義滿將軍鍾愛的600年老松
陸舟之松
りくしゅうのまつ

位於方丈北側的帆船造型松樹，據說是足利義滿親手從心愛的盆栽移植而來。整艘船朝向金閣寺所在的西方。

源源不絕湧出清水的池塘
安民澤
あんみんたく

地處金閣後方，四周林木環繞的幽玄寂靜空間。為少數西園寺家宅邸時代的殘存遺構，池塘中央還有一座白蛇塚。

重現中國故事「鯉躍龍門」的瀑布

龍門瀑布
りゅうもんたき

安民澤的湧水直落而下，瀑潭置有一塊鯉魚石，源自鯉魚躍上瀑布後變成龍的登龍門故事。

足利義滿的點茶用水
銀河泉
ぎんがせん

位於安民澤池塘旁，足利義滿點茶時的用水就是汲取自這裡的泉水。

參拜重點

從境內的各個角度眺望金閣
金閣寺的建物本身就已經很吸睛，加上周圍的水池和林木相互輝映更增添不少美感。飽覽「逆金閣」、「回首金閣」等景致，找出自己最中意的一幅美景。

Column

昭和的縱火事件與重建

1950（昭和25）年發生金閣遭年輕僧侶縱火焚燒的知名事件，也曾被當成題材寫入三島由紀夫的《金閣寺》和水上勉的《金閣炎上》等小說中。當時整座金閣都遭焚毀，自殺未遂的縱火嫌犯最後死於1956（昭和31）年。金閣則於1955（昭和30）年重建，恢復成昔日的樣貌。

夕陽下的眺望景致美不勝收
夕佳亭
せっかてい

茶室由江戶時代的茶道家金森宗和所建，因此處能眺望夕陽餘暉中的美麗金閣而取名夕佳亭。目前看到的是明治年間的重建之物。

倒映金閣，如鏡面般的水池
鏡湖池
きょうこち

座落於金閣南邊的池塘，從南側、西南側欣賞對岸的金閣時可同時望見倒映在池面上的逆金閣，美感倍增。池中還有葦原島、龜島、鶴島等小島。

美得令人嘆為觀止
金閣（舍利殿）
きんかく（しゃりでん）

座落在鏡湖池畔北邊、兩端突出於水池中的舍利殿，是足利義滿時代最具代表性的北山文化建築。第一層為寢殿造樣式、第二層為武家造、第三層為佛殿造，風格各異。夜間的點燈裝飾及和皚皚白雪覆蓋的金閣模樣，也都是動人的絕美景色。

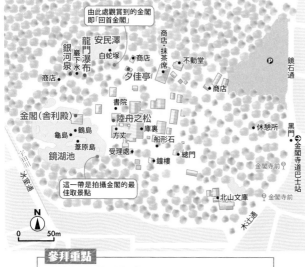

由此處觀賞到的金閣即「回首金閣」

安民澤
龍門瀑布
白蛇塚
銀河泉
巖下水
商店
商店
抹茶席
不動堂
商店
鏡石通
P
夕佳亭
商店
書院
陸舟之松
金閣（舍利殿）
方丈
庫裏
船形石
龜島 • 鶴島
葦原島
受理處
鏡湖池
鐘樓
總門
休憩所
黑門
金閣寺道巴士站
金閣寺前
金閣寺前
這一帶是拍攝金閣的最佳取景點
北山文庫
木辻通
水掛通

N
0 50m

參拜重點

屋頂上的鳳凰也很引人目光

柿葺屋頂上方有隻張開雙翅的金色鳳凰。鳳凰在中國是天子（皇帝）的象徵，說不定正是隱藏足利義滿在背後的野心。

金閣寺

周邊景點 MAP

沿著衣笠山旁的「絹掛之路」往西走，就會看到龍安寺、仁和寺等名剎。往南走的話，則有祈求考試合格、以梅花聞名的北野天滿宮。

妝點春色的御室櫻吸引不少賞花人潮

仁和寺 ➡P.15

にんなじ

888（仁和4）年由宇多天皇創設，並取其年號命名為仁和寺。境內的染井吉野櫻、枝垂櫻也相當有名，但又以御室櫻最負盛名。

☎075-461-1155
🏠京都府京都市右京区御室
大内33 🚌市巴士·御室仁
和寺下車即到

以枯山水石庭著稱的禪寺

龍安寺 ➡P.194

りょうあんじ

原本是德大寺的山莊，細川勝元接手後於1450（寶德2）年創建龍安寺。應仁之亂中被燒毀，後由其子細川政元重建復原並新增石庭的設計。

☎075-463-2216 🏠京都
府京都市右京区龍安寺御陵
ノ下町13 🚌市巴士·竜安
寺前下車即到

參拜之餘還可透過坐禪、抄經等方式接觸佛法

妙心寺

みょうしんじ

臨濟宗妙心寺派的大本山。喜愛京都西北部花園地區的花園法皇，於1337（建武4）年將自己的離宮改建成禪寺並取名為妙心寺。

☎075-461-5226
🏠京都府京都市右京区花園
妙心寺町1
🚉JR花園站步行5分

卍龍安寺

🅡西源院

鏡容池

竜安寺前

● 絹掛之路

從金閣寺一路延伸至仁和寺、長約2.5km的道路，被稱為絹掛之路。徒步約30分鐘的路程，非常適合悠閒散步

卍仁和寺

卍蓮華寺

御室仁和寺

いっぷく茶屋

御室仁和寺站

御室小🏫

逛完仁和寺後不妨小歇片刻吃個點心，就到門前的いっぷく茶屋來份櫻花甜點吧

162

帷子之辻站 ⓛ

宇多野站 ⓛ

妙心寺站

範例行程

徹底享受金閣的極致之美

上午 一大早先至鏡湖池對岸從各種角度眺望金閣，再參觀夕佳亭等境內其他景點。可以欣賞與華麗金閣不同韻味的優美庭園，回首金閣的景致也千萬別錯過。接著沿著絹掛之路前往龍安寺。

一路悠閒漫步絹掛之路，盡情遊逛京都北部

下午 中午就到龍安寺境內的西源院享用湯豆腐和素齋料理，用完餐後再到仁和寺。即使非櫻花季節，也有新綠或紅葉可賞。參拜後可至甜點店いっぷく茶屋休息一下，品嘗櫻花甜點的同時還能想像一下櫻花綻放的景色。

双ヶ丘中🏫

妙心寺站

花園站 ⓛ

⊕原谷苑

N

0   200m

⊕冰室道

卍金閣寺

鏡湖池

→金閣寺道巴士站

金閣寺後方的冰室
每往西北走即原谷
，境內栽種了超過
種、400株以上的
花，花季期間會對
開放

衣笠中⊗   金閣小⊗   わら天神宮⊤

衣笠山

● 京都府立
堂本印象美術館
立命館大学前

順道一嘗

素齋料理

龍安寺內的西源院有提供
素齋料理，可邊悠閒眺望
庭園景致邊享用餐點。

⊗立命館大

卍等持院

⊤平野神社

衣笠小⊗

⊤北野天滿宮

天神市

洛星中・高⊗   衣笠校前

西
大
路
通

嵐電北野線

等持院站

北野天滿宮前

今出川通

北
野
白
梅
町
站

都学園⊗
中・高

一条通

賞櫻期長達一個半月
平野神社
ひらのじんじゃ

隨著平安遷都一同遷座至
此地的平野神社，相傳當
時的面積幾乎與御所一樣
大。如今在200m見方的腹
地內，總共種植了近60種
品種、400顆的櫻花樹。

☎075-461-4450
⊕京都府京都市北区平野宮
本町1 🚌市巴士・衣笠校
前下車步行3分

山城高⊗

⊗花園中・高

妙心寺通

祭祀學問之神菅原道真
北野天滿宮
→P.31・102
きたのてんまんぐう

為全國天滿宮、天神社的總本社，神殿創
建於947（天曆元）年。6月25日是菅原道
真公的誕辰日，因此每個月的25日都會舉
辦熱鬧的天神市集。

☎075-461-0005 ⊕京都府京都市上京区
馬喰町 🚌市巴士・北野天滿宮前下車即到

天
神
川

→千
本
今
出
川

→堀
川
今
出
川

每月的25日北野天滿宮
都會舉辦盛大的天神市
集，有機會說不定還能
挖到寶

日本10大絕景寺社

金閣寺

开
三重縣
伊勢市

傳承往昔風貌的神社內
供奉著日本神話最高神祇

6 伊勢神宮
いせじんぐう

即便2013年的式年遷宮已經結束，年間的參拜人數依舊高達1000萬人次以上。一片寂靜的清晨時分是造訪的最佳時機

為日本全國8萬多座神社的本宗
藉由式年遷宮持續重建再生的古社

伊勢神宮位於伊勢市內，是內宮與外宮的總稱，兩宮相距約4km遠。正式名稱為神宮，橫跨三重縣內4市2郡的別宮、攝社、所管社在內的宮社數多達有125座。五十鈴川旁、蔥鬱綠意環繞的內宮最後方，就是神宮最高神域的正宮所在地。正宮內供奉著地位最高的神明，亦即被視為日本總氏神的天照大御神。根據《日本書紀》的記載，約2000年前天照大御神選定了物產富饒的伊勢作為自己的降臨之地，並於500年後迎來專司食物的豐受大御神鎮守外宮。透過御垣的圍籬間隱隱隱約約瞧見正宮的御正殿及古色古香的別宮，讓參拜者一窺神話的世界。

Keyword

▶天照大御神 為日本神話中，國土形成之神伊邪那岐命的女兒。統治著天界的高天原，又以天岩戶傳說廣為人知。
▶豐受大御神 由伊邪那岐命之妻伊邪那美命所生下的女神，是掌管衣食住與各種產業、五穀豐收的守護神。

御祭神	【內宮】天照坐皇大御神(天照大御神)
	【外宮】豐受大御神
靈驗項目	國家安定、人生發展等

[TEL] 0596-24-1111 (神宮司廳)
[時間] 5：00～18：00 (5～8月～19：00、10～12月～17：00)　[休]無休　[費用]免費
[URL] www.isejingu.or.jp
【外宮】　[所在地]三重縣伊勢市豐川町
[交通] JR／近鐵・伊勢站步行5分
【內宮】　[所在地]三重縣伊勢市宇治館町1
[交通] JR／近鐵・伊勢市站搭往內宮前方向的三重交通巴士20分，終點站下車即到

重要祭典

3月下旬～4月上旬 神宮奉納大相撲 じんぐうほうのうおおずもう
配合大相撲春場所進行幕內力士的淘汰賽(付費)，以及由橫綱、大關、關脇、小結在內宮神苑舉行入土俵儀式。

4月28～30日 春之神樂祭 はるのかぐらさい
9月22～24日 秋之神樂祭 あきのかぐらさい
於春秋兩季舉辦，感謝神明恩澤、祈求國泰民安。有開放參觀，能觀賞舞樂表演與神苑內的各種儀式。

10月15～25日 神嘗祭 かんなめさい
神宮最重要的活動。獻上於神宮神田栽種的新穀祈求五穀豐收，以及奉幣儀式、演奏神樂等。

外宮 境內導覽

區隔俗世與聖域的小橋
表參道火除橋
おもてさんどうひよけばし

位於表參道入口，基於防火安全架設於堀川上的橋樑，因而得此名。據說直至江戶時代這附近都是整排的民家，越過橋後就是神域。

花菖蒲盛開之際美不勝收
勾玉池
まがたまいけ

以三神器之一的古代首飾「勾玉」為造型的水池，每逢6月可見花菖蒲綻放。周圍設有步道，可到一旁的三集殿小歇片刻。

潔淨身心後往社殿方向前進的正面通道
表參道
おもてさんどう

於手水舍清口洗手後，即可朝鋪著砂礫、兩側樹木繁茂的表參道一路前行。渡橋後馬上能看到一棵名為清盛楠的巨木，據說平清盛在參拜時因碰到頭冠而將樹枝給折了下來。

求取御守和御朱印的場所
神樂殿
かぐらでん

建於2000 (平成12)年，入母屋造樣式的建物內，會舉行奉納神樂、供奉神靈用餐的御饌等祈禱儀式。神札授與所專售御札、御守以及受理祈禱儀式的申請。

Column

伊勢參拜以「由外而內」為慣例
依外宮、內宮的順序參拜伊勢神宮是自古以來的習俗，並且應避免只參拜內宮或外宮其中之一。行經表參道時，要盡量靠邊不可走在中央的神明通道上，外宮走左側、內宮則走右側。參拜時，請按照正宮、第一別宮、其他別宮的順序進行。此外神宮並非祈求個人願望的地方，而是希冀國家、世界和平以及向神明表達感謝之情的場所。

可從御垣稍微瞧見正宮的屋頂

正宮
しょうぐう

外宮內最神聖的場所，總共有四層御垣環繞。最裡面是供奉御祭神、唯一神明造樣式的御正殿，左右各矗立著西寶殿和東寶殿。一般參拜者只能進到從外圍算起第二層御垣的外玉垣南御門，旁邊的空地（古殿地）就是下次式年遷宮時建造新正宮的場所。

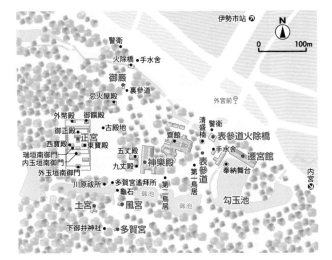

伊勢市站

N

0　　　100m

警衛
火除橋・手水舍
御廄
忌火屋殿・裏參道
外幣殿　御饌殿
御正殿
西寶殿　正宮　古殿地
東寶殿
瑞垣南御門　五丈殿
內玉垣南御門　九丈殿
外玉垣南御門　神樂殿
川原祓所　多賀宮遙拜所
龜石
風宮　第一鳥居
土宮　第二鳥居　御池
下御井神社・多賀宮

外宮前
清盛橋　警衛
寶館
表參道火除橋
・手水舍
表參道　遷宮館
第二參道　奉納舞台
第一鳥居　勾玉池
御池
內宮

Column!!

每天從不間斷
日別朝夕大御饌祭

在祭祀食物之神的外宮，每天早晚都會舉行日別朝夕大御饌祭的儀式，供奉神靈用膳（御饌）。神職人員會以特別的道具升起潔淨之火，並從上御井神社取汲聖水、用爐灶蒸熟米飯。除了米飯外，還會擺上柴魚片、魚肉、蔬菜、水果、海藻、鹽、清酒、水等總共9樣。米和蔬菜、水果都是來自領內的收成物，基本上以自給自足為原則。位於外宮正殿背後的御饌殿為舉行儀式的場所，亦即神明的食堂。自1500年前外宮創建以來，就一直持續這項儀式至今從未間斷過。

式年遷宮的介紹說明

遷宮館

為紀念2013（平成25）年的式年遷宮而興建。展示式年遷宮、伊勢神宮的相關介紹，並置有重現部分御正殿的原尺寸大小模型。

參拜重點

從御正殿的模型
細看唯一神明造樣式

御正殿和別宮是日本最古老的建築樣式——神明造，以高架地板和切妻屋頂、茅葺屋頂為特徵。其中御正殿基於敬畏之心因此禁止模仿複製，所以又有「唯一神明造」之稱。外宮和內宮的構造幾乎一模一樣，但屋樑上裝飾用的鰹木數量、千木的鋸口方向則各異。

座落於小高丘上的
第一別宮

多賀宮
たかのみや

祭祀豐受大御神的荒御魂，荒御魂指的是代表粗暴的神靈。受到農業等相關產業虔誠信奉。

守護土地的神祇

土宮
つちのみや

別宮之一。自外宮興建以前即是鎮守土地的神明，平安末期以後成為宮川堤防的守護神。其他的別宮皆面朝南方，只有土宮是面朝東方。

掌管風雨的神明

風宮
かぜのみや

供奉級長津彥命和級長戶邊命的別宮。與內宮的風日祈宮相同，都流傳曾在鎌倉時代的元日戰爭中讓蒙古戰船遭遇颱風。為祈求風調雨順及五穀豐收的場所。

造訪表情溫馴的白馬

御廄
みうまや

內有皇室獻納的兩匹神馬。每個月的1、11、21日早上8時過後，就能在參道見到背上覆蓋菊紋馬衣朝正宮方向前進的白馬身影。

内宮 境内導覽

通往聖地的純檜木橋
宇治橋
うじばし

橫跨五十鈴川上，連結聖地與俗世的橋樑。為長約100m的日式拱橋，每逢20年一次的式年遷宮就會翻新重建。

參拜重點

神苑的雞群是神的使者
宮域內有一群自由放養的雞，雞被視為是天照大御神的使者。在天岩戶傳說中，據說因為有雞啼聲的幫忙才將藏身岩屋的天照大神給引出洞窟。神宮的許多祭神儀式中都會出現雞。

Column

從皇室專屬的氏神到平民百姓的聖地
根據《日本書紀》記載，神宮起源於2000年前左右的崇神天皇時代。相傳天照大御神向外尋覓遷宮場所時，因十分中意伊勢的五十鈴川畔而選擇鎮座於此地。約500年後創建了外宮，供奉掌管食物的豐受大御神。原本神宮是天皇向皇室祖先——天照大御神祈禱的地方，並不允許一般人進入參拜。天武天皇的時代導入齋王制度將未婚的皇族女性派遣至神宮服務，直到14世紀中葉為止總共持續了約660年。武家時代以祭祀地位最高神祇的神社而廣受武將們的崇敬，但到了中世戰國時代神宮的財政也開始逐漸吃緊。神宮變成籌措資金的御師開始行腳至全國各地，向平民百姓推廣前往伊勢神宮參拜，這才開啟了一般民眾參拜的大門。於五街道整建完工的江戶時代，參拜伊勢神宮已蔚為風潮。還出現名為伊勢講的組織，讓無法湊足旅費的人加入團體一起籌措資金，再從中選出代表者前往參拜。當時伊勢神宮是平民憧憬的朝聖之地，更是一輩子想要實現一次的夢想。

在留有倭姫命傳說的清流潔淨手口
御手洗場
みたらし

位於五十鈴川岸邊的淨身場所，地上鋪滿的石板為德川綱吉的生母桂昌院所捐獻。請先在清澈的河川好好洗滌身心靈一番。

五十鈴川的守護神
瀧祭神
たきまつりのかみ

位於御手洗場旁的內宮第一所管社，祭祀著守護五十鈴川的水神。並無社殿建築，僅豎起木板圍籬。

石階頂上御垣環繞
最高神祇鎮座的聖地
正宮
しょうぐう

由五層御垣包圍守護的聖域。最內側的內院中央設有供奉御祭神的御正殿，被視為是神宮最神聖的場所。最外側的木板圍籬內於南北向各配置了宿衛屋，會有神職人員24小時輪班常駐守護正殿。一般民眾只能在圍籬內側的外玉垣南御門進行參拜。

御祭神的另一個面貌
荒祭宮
あらまつりのみや

相當於別宮最高位的內宮第一別宮，祭祀著御祭神所擁有的兩面性格中較為活潑的神靈（荒御魂）。為別宮中最大的神明造樣式建築，不妨就在此祈求許願吧。

Column !!

20年一次的神事「式年遷宮」

定期進行神社正殿的修繕與建造的式年遷宮，是神社最重要的祭神儀式。伊勢神宮每隔20年就會舉行一次，將內宮、外宮正宮御垣內的所有建物以及14座別宮都進行重建。同時，殿內的服飾、用品等御裝束和神寶也都會換新。出自天武天皇的提議，690（持統天皇4）年舉行了第1次式年遷宮，雖於戰國時代曾經中斷過但這項傳統至今已經延續了1300年之久。一開始會先舉行御用材採伐祈願的山口祭，接下來還有御神體遷往新宮的遷御等諸多儀式，前前後後需費時8年。最近一次是2013（平成25）年所舉辦的第62次式年遷宮，下一次則是2033年。預計遷宮至原本舊正殿所在地旁邊的空間（古殿地）。

向風雨之神祈求風調雨順與五穀豐收

風日祈宮

かざひのみのみや

為伊邪那岐命的御子神，供奉掌管風雨的級長津彥命和級長戶邊命。原本名為風社，鎌倉時代蒙古軍入侵之際，在此社進行祈禱儀式後即颳起颱風，成功化解國家危機，因而被授與比社還要上位的宮號改名為風日祈宮。

受理奉納神樂和祈禱儀式

神樂殿

かぐらでん

入母屋造樣式的建物，右至左分別為神樂殿、御饌殿。提供參拜者進獻神樂、御饌祈禱的場所，左端還有販售御札、御守、御朱印的御神札授與所。

守護南端神路山的山神

大山祇神社

おおやまつみじんじゃ

座落於神路山入口處的山之守護神。御祭神大山祇命為伊邪那岐命和伊邪那美命之子，以及子安神社的御祭神木華開耶姬命的父親。女兒的社殿就緊鄰在旁。

奉納祈願安產·求子的繪馬

子安神社

こやすじんじゃ

能庇佑安產、求子、育兒的神明。據說御祭神木華開耶姬命因被丈夫邇邇芸命懷疑不貞，為證明自己清白而在大火中產下三子。

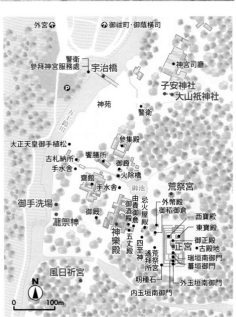

外宮　御祓町·御蔭橫司

警衛　神宮司廳
參拜神宮服務處　宇治橋
P
子安神社
大山祇神社
神苑
警衛

大正天皇御手植松　參集殿
古札納所·手水舍　饗膳所
齋館　御殿　古殿地
手水舍　火除橋
御廚　荒祭宮
御手洗場　由貴御倉
御酒殿　外幣殿
瀧祭神　忌火屋殿　御稻御倉
神樂殿　遙拜所　面寶殿
四至神　御正殿　東寶殿
風日祈宮　五丈殿　正殿　御正殿
荒祭所　瑞垣南御門
籾種石　蕃垣御門
外玉垣南御門
內玉垣南御門

N
0　　　100m

伊勢神宮

周邊景點 MAP

門前的御祓町、御蔭橫丁是盡享美食和購物樂趣的景點，風光明媚的二見興玉神社、散落四處的伊勢神宮別宮也都很值得一訪。

懷舊風情的水運城鎮

河崎街道

かわさきのまちなみ

江戶時代勢田川的水運業十分發達，昔日批發業時代的風雅建築物有的已改裝成咖啡廳或雜貨屋營業。

☎0596-22-4810(伊勢河崎商人館)　⊕三重縣伊勢市河崎　🚃JR/近鐵・伊勢市站步行15分

Ｒ松阪站

Ｒ松阪站

參宮線

近鐵山田線

宮町站

37

山田上口站

月夜見宮🏯

伊勢市站

河崎街道●

五十鈴川

宮川

為外宮的別宮，祭祀月夜見尊荒御魂與月夜見尊荒御魂御靈。連結外宮北御門和月夜見宮的通道，又被稱為是神明往來的神路道

伊勢市站

外宮參道●

伊勢神宮(外宮) 🏯

連結JR伊勢站與外宮的通道。新舊交錯的各種餐飲店和商店比鄰而立，要小憩片刻或購物都很方便

宇治山田站

神宮美術館●

倭姬宮🏯

🏯微古館前

奈良時代由行基所創建，供奉本最古老的除厄觀音。寺院流著龍神的傳說，近幾年本堂的板上浮現出龍姿也蔚為話題

松尾觀音寺 卍

南勢外環道

內宮的別宮，祭祀著奉天照大御神之命巡迴諸國的倭姬命。創建於1923(大正12)年，為伊勢神宮內歷史最短的建物

伊勢IC

伊勢自動車道

五十鈴川站

近鐵鳥羽線

32

伊勢やすらぎ公園●

熱鬧一如往昔的門前橫丁

御祓町・御蔭橫丁

おはらいまち・おかげよこちょう

即內宮的門前町。古老街道依舊，販賣赤福餅、伊勢烏龍麵等伊勢名產的餐飲店和伴手禮店比比皆是。參拜完內宮後，不妨前往感受一下江戶時代伊勢參拜的熱鬧氛圍吧。

⊕三重縣伊勢市宇治中之切町ほか　🚃JR/近鐵・伊勢市站搭往內宮前方向的三重交通巴士20分，終點站下車即到

勢和多氣Jct⊘

伊勢西IC

月讀宮🏯

除了與月夜見宮相同祭神的月讀宮外，還有月讀荒御魂宮、伊佐奈岐宮、伊佐奈彌宮等總共4社的內宮別宮並排林立

猿田彥神社

🏯猿田彥神社前

五十鈴公園

伊勢志摩SKYLINE

御祓町・御蔭橫丁

內宮前🏯

🏯 **伊勢神宮(內宮**

⊘南伊勢

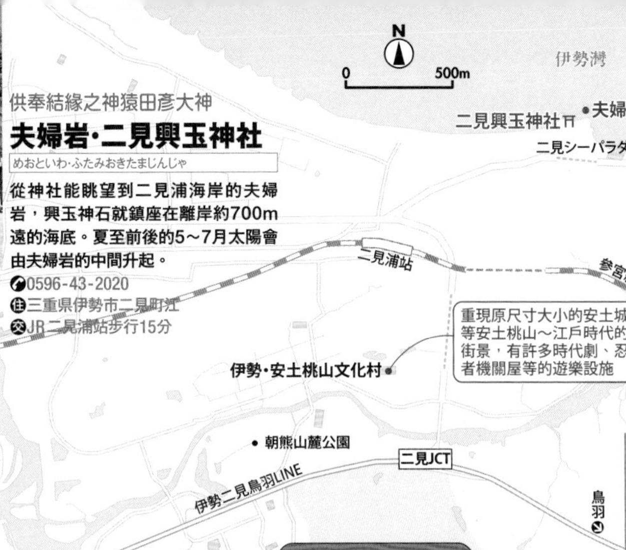

伊勢灣
0
500m
N
二見興玉神社
夫婦岩
二見シーパラダイス
二見浦站
參宮線
鳥羽站
重現原尺寸大小的安土城等安土桃山～江戶時代的街景，有許多時代劇、忍者機關屋等的遊樂設施
伊勢·安土桃山文化村
朝熊山麓公園
二見JCT
伊勢二見鳥羽LINE
鳥羽
五十鈴川
23
朝熊IC
37
楠部IC

供奉結緣之神猿田彥大神

夫婦岩·二見興玉神社

めおといわ·ふたみおきたまじんじゃ

從神社能眺望到二見浦海岸的夫婦岩，興玉神石就鎮座在離岸約700m遠的海底。夏至前後的5～7月太陽會由夫婦岩的中間升起。

☎0596-43-2020
住 三重県伊勢市二見町江
交 JR二見浦站步行15分

展示知名藝術家捐贈的眾多作品

神宮美術館

じんぐうびじゅつかん

為紀念第61次神宮式年遷宮而創立，展示由多位代表日本的藝術家所捐獻的美術品、工藝品。

☎0596-22-5533 住 三重県伊勢市神田久志本町1711
交 JR／近鐵·伊勢市站搭行經徵古館往內宮前方向的三重交通巴士10分，徵古館前下車步行3分

也有人會在參拜神宮前先來這

猿田彥神社

さるたひこじんじゃ

祭祀以伊勢為中心開疆拓土的「開道神」猿田彥大神，據說要做什麼事之前先來參拜即可諸事順利。

☎0596-22-2554 住 三重県伊勢市宇治浦田2-1-10
交 JR／近鐵·伊勢市站搭往內宮前方向的三重交通巴士15分，猿田彥神社前下車即到

順道一嘗

伊勢烏龍麵

以軟嫩麵條與加入高湯、溜醬油的黑色麵汁為特徵的在地烏龍麵，吃起來其實沒有想像中的鹹。

什錦壽司

將醬油醃漬過的柴魚等生魚片放上醋飯一起享用的散壽司。為志摩地區的漁夫料理，有的也會加入鮪魚肉。

伊勢龍蝦

秋冬季節當地盛產的海鮮，不論生吃還是燒烤、水煮都很美味。有些餐廳和旅館還會推出豪華的伊勢龍蝦大餐。

伴手禮

赤福餅

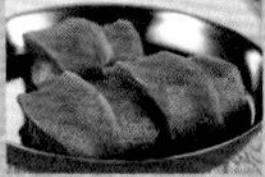

參拜伊勢神宮的招牌伴手禮。外面是香甜雅緻的紅豆沙，內餡則是口感柔軟的麻糬。赤福本店就座落在御蔭橫丁上。

範例行程

上午

先前往參拜外宮，享用伊勢名產當午餐並小憩片刻

從JR伊勢市站沿著商店林立的外宮參道前往外宮。參拜正宮、三間別宮後，可至遷宮館觀賞御正殿原尺寸大小的模型。中午就吃伊勢烏龍麵或什錦壽司等在地美味，吃飽後再搭巴士前往內宮。

下午

拜謁內宮、選購伴手禮後，再造訪周邊的別宮

先至五十鈴川岸邊的御手洗場潔淨手口，再前往參拜供奉天照大御神的正宮、兩間別宮。接著到御祓町、御蔭橫丁稍微休息一下，順便採買伴手禮。若還有時間，內宮附近的月讀宮以及猿田彥神社、月夜見宮也都很值得一訪。

住宿資訊 離伊勢市站不遠的外宮有許多住宿設施，還能飽嘗伊勢龍蝦料理。夫婦岩附近的二見浦海邊也有多家二見溫泉旅館。

擁有東京最古老的歷史
江戶下町文化的中心地

7 淺草寺
せんそうじ

東京都
台東區

淺草寺年間有高達3000萬人次前來
造訪，參拜前會先行經垂掛著巨大
燈籠的雷門以及熱鬧的仲見世通

日本 10 大絕景寺社　淺草寺

孕育淺草文化源流的古剎
穿越熱鬧的仲見世通後即觀音堂

以淺草觀音之名廣為人知，是東京參拜人數最多的寺院。寺院正門的雷門為淺草的代表象徵，在外國遊客間也有很高的人氣。根據《淺草寺緣起》的記載，寺院起源於飛鳥時代的628（推古天皇36）年。相傳檜前濱成、竹成兩兄弟在隅田川捕魚時發現了觀音像，後由地方官土師中知供奉在自宅改建成的寺。江戶初期被選定為德川幕府的祈願所，開始大興土木築起豪華的殿宇，發展達到頂盛。境內劇場、雜耍小屋林立演變成仲見世街，附近一帶也發展出熱鬧街區成為江戶文化的據點。原本的寺院殿堂在東京大轟炸中幾近全毀，巨大屋頂的觀音堂、五重塔等皆重建於戰後，重現都內最古老寺院的風采和下町風情。

Keyword

▶聖觀音像 本尊為聖觀世音菩薩像，是不對外公開的秘藏佛像。每年12月的御帳期間，會以平安初期由圓仁臨摹本尊雕刻的前立本尊對外展示。

▶祈願所 朝廷和幕府舉行祈願儀式的場所。身為幕府祈願所的淺草寺受到德川家的禮遇贈與了廣大領地、宏偉的觀音堂等殿宇，因此得以興盛發展。

宗派	聖觀音宗
御本尊	聖觀世音菩薩

[TEL]03-3842-0181　[所在地]東京都台東區淺草2-3-1
[交通]地下鐵‧淺草站步行5分
[時間]6：00（10～3月6：30）～17：00　[休]無休
[費用]免費　[URL]www.senso-ji.jp

重要祭典

3月18日觀音示現會‧10月18日菊花供養會 金龍之舞
源於本尊觀音菩薩出現時金龍從空中飛舞而下的故事，能欣賞長18m的金龍翩翩起舞的敬獻儀式。

7月9‧10日 四萬六千日 しまんろくせんにち
據說在這兩天前往參拜就等同於參拜四萬六千日的功德。境內會舉辦酸漿市集，能感受淺草特有的夏日風情。

12月17‧18日 歲之市（羽子板市集） としのいち（はごいたいち）
12月的廟會稱為歲之市，會販售被視為日本新年吉祥物的羽子板，也買得到壽比惠比壽大黑天祈福卡和開運金幣。

參拜建議
觀音菩薩為御本尊，參拜時請合掌誦念「南無觀世音菩薩」。此外還有許多秘藏景點，例如安置在雷門內側由平櫛田中等人製作的二龍神像、松尾芭蕉也留下「鐘聲來自上野還是淺草？」俳句歌詠的「時之鐘」等。請記得報名免費導覽行程，由我們來為大家做介紹吧！

台東區
觀光導覽志工

[URL] www.
taitouboragai.com

原本建於發現本尊之處的駒形橋旁
雷門
かみなりもん

寺院的正門，正式名稱為風雷神門。右邊是風神像、左邊是雷神像，負責鎮守淺草寺。高4m的大燈籠，則來自實業家松下幸之助的捐贈。

有90多家店舖熱絡招呼著往來的參拜遊客
仲見世通
なかみせどおり

參道上綿延近250m的商店街始於江戶初期，當時負責打掃境內的居民被授與特權可以開店營業。

入母屋造、本瓦葺屋頂的堅固結構
寶藏門
ほうぞうもん

內部供奉著仁王尊，高約23m。歷經多次祝融之災，現存建物為1964（昭和39）年的重建之物。因二樓收藏著淺草寺的寶物而命名為寶藏門。燈籠是由日本橋小舟町所奉納，掛燈則來自魚河岸講的捐贈。

參拜重點
顯眼的巨大仁王尊像與「大草鞋」！
以檜木雕鑿、面容威武的阿吽兩尊仁王像，是祈求身體健康和消災解厄的守護神。背面垂掛的大草鞋長4.5m，重達500kg。象徵著仁王強大的力量，據說也有鎮守寺院、避邪化煞的功效。

江戶時代的建築依舊
傳法院
でんぼういん

為住持的修行場所和住居。還保留著江戶中期的客殿、玄關，以及由小堀遠州設計的迴遊式庭園。目前不對外開放。

絕不能錯過外陣的美麗天井畫
本堂（觀音堂）
ほんどう（かんのんどう）

又分為外陣和鋪著榻榻米的內陣，內陣中央的宮殿安置著本尊（秘佛）與前立本尊。即使從遠方也能清楚辨識外觀，以又高又陡斜的巨大屋頂為特徵。目前的本堂是1958（昭和33）年的重建之物。

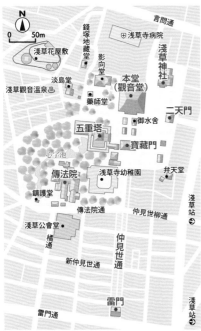

留有江戶時期的風貌
二天門
にてんもん

淺草寺的東門。原本是淺草東照宮的隨身門，但後來社殿焚毀。目前安置著從德川家綱靈廟拜領而來的增長天和持國天。

獨特的建築樣式
五重塔
ごじゅうのとう

由將軍德川家光捐獻的國寶塔樓，與本堂同在東京大轟炸中被燒毀。1973（昭和48）年重建，高48m。為環繞著高塔、與基壇合為一體的塔院形式建築，最上層置有佛舍利。

參拜重點

因「三社祭（➡ P.203）」聞名的淺草神社

蓋在淺草寺旁的淺草神社又有三社大人之稱，舊名為三社權現社。所謂三社，指的是發現淺草寺本尊的檜前濱成、竹成兩兄弟以及最初供奉本尊的土師中知3人，此神社就是為了祭祀這3位而建。

淺草神社 あさくさじんじゃ
📞03-3844-1575　📍東京都台東區淺草2-3-1

Column 〰️
淺草寺的御神籤「凶」籤的比例偏高？

據說淺草寺的御神籤抽到凶籤的機率很高。淺草寺遵循日本傳統的觀音百籤，籤盒中的凶籤數量約佔三成，亦即10人中會有3人抽到。其他寺社的凶籤平均只有一成左右，因此會覺得偏多也是理所當然。若抽到凶籤可以繫在境內的指定場所，與觀音菩薩結個緣後再回家吧。

淺草寺

周邊景點 MAP

淺草寺的附近即下町文化的中心，在綿延的商店街上漫步閒逛也很有樂趣。與隅田川相隔的對岸就是廣受歡迎的東京晴空塔城。

男女老幼都能玩得盡興的日本最古老遊樂園

淺草花屋敷

あさくさはなやしき

原本是創建於江戶末期的花園。園內有許多讓人懷念的遊樂設施，行進中會穿梭在民宅間的雲霄飛車也相當刺激。

- ☎03-3842-8780
- 🏠東京都台東區淺草2-28-1
- 🚃地下鐵·淺草站步行5分

位於娛樂街淺草六區的落語表演

淺草演藝廳

あさくさえんげいホール

能欣賞落語、漫才、魔術等各式各樣的表演，日場和夜場的中間基本上不會清場。萩本欽一、北野武都曾經在此地活躍。

- ☎03-3841-6545
- 🏠東京都台東區淺草1-43-12
- 🚃地下鐵·淺草站步行6分

筑波快線

Ⓗ ホテル京阪淺草

淺草站
淺草今半

淺草演藝廳 ◉

淺草ROX Ⓢ

六區Broadway

◉ 合羽橋道具街

卍 東本願寺

聚集了近170家料理道具、廚房設備的專賣店，還有外國遊客很愛的食物樣品

卍 本覺寺

上野站

國際通

卍 永見寺　卍 仙藏寺

淺草郵局 ⊠

淺草通　田原町站

東京Metro銀座線

卍 桃林寺

秋葉原站

◉ 淺草花屋敷

Ⓗ 淺草神社

淺草寺 卍

◉ 淺草寺病院

言問通

花川戸公園

⊗ 淺草

◉ 寶藏門

◉ 木村家本店 Ⓢ
木村家人形燒本舗 Ⓢ

傳法院 卍
傳法院通

大黑屋 Ⓡ　江戸もんじゃ
淺草公會堂 ◉　ひょうたん

橘通

舟和 ◉　まさる Ⓡ

仲見世通

雷門通　常盤堂 ◉ ●雷門
雷おこし本舗　神谷バー Ⓡ

⊗ 田原小

⊗ 田原町

隅田公園

隅田公園

東京觀光汽船的水上巴士搭乘處。隅田川路線會行經12座橋，單程約需40分鐘

◉ 觀光船搭乘處

◉ 吾妻橋

6

曾為「竹町渡船頭」的所在地。橋樑創建於江戶時代，目前看到的橋樑是1931（昭和6）年所建

駒形橋

兩國Jct

範例行程

造訪淺草寺與周邊寺社來趟淺草歷史之旅

從雷門行經伴手禮店聚集的仲見世通前往淺草寺，參拜供奉著秘佛的本堂、淺草神社，再到隅田川河畔的隅田公園散步。待乳山聖天、今戶神社等都逛完後，即可享用午餐，大啖文字燒或江戶前天丼。

上午

將淺草的新舊下町文化一次遊遍

前往懷舊遊樂園淺草花屋敷、淺草演藝廳，感受下町的娛樂風情。再搭地下鐵移動至東京晴空塔，從展望台飽覽東京大都會的街景。或是從吾妻橋坐水上巴士，享受悠遊於隅田川的樂趣。

下午

順道一嚐

文字燒

據說是發源於淺草的下町美食。將鐵板上煎熟的麵糊用小鏟子邊刮邊吃，有起司、海鮮等豐富多樣的配料。

江戶前天丼

江戶前指的是在東京灣捕獲的海鮮。大蝦、星鰻、鱚魚等食材以麻油炸到酥脆，再豪邁地盛入碗內。

100m

今戸神社

⊗淺草高

卍潮江院

台東リバーサイド・
スポーツセンター

卍 待乳山聖天

> 淺草寺的附屬寺院，為淺
> 草七福神之一。以大聖歡
> 喜天為本尊，祈求夫婦圓
> 滿，商業繁盛相當靈驗

櫻橋

⑪堀切Jct

314

隅田公園•

6

富門橋

墨堤通

三圍神社 ⊤

⊗小梅小

6

隅田川

向島線

⊤牛嶋神社

水戶街道

常泉寺 卍

• 隅田公園

本行寺 卍

○墨田区役所

北十間川

日啤酒本社

> 以巨大金黃色雕塑著稱的
> ASAHI SUPERDRY HALL，
> 不妨至樓下的啤酒大廳暢飲
> 一杯解個渴吧

東京晴空塔站

東武晴空塔線

曳舟站

押上站

押上站

錦糸町方向

從全世界最高的電波塔俯瞰東京

東京晴空塔®

とうきょうスカイツリー

2012（平成24）年開幕，高達634m的自立式電波塔已
成為下町的新名勝景點。天氣晴朗時可從離地350m處的
天望甲板或450m處的天望回廊，飽覽關東一帶的全景風
光。

☎0570-55-0634（東京晴空塔客服中心）
🏠東京都墨田区押上1-1-2 🚃東武晴空塔線・東京晴空塔站
各線・押上站即到

©TOKYO-SKYTREE

東京晴空塔城®
東京晴空塔®
東京晴空街道®

> 有多家商店和餐飲店進
> 駐的東京晴空街道，以
> 及天文館、水族館等豐
> 富的玩樂景點

淺草通

本所吾妻橋站

境內有招財貓坐鎮的結緣景點

今戸神社

いまどじんじゃ

創建於平安後期，供奉淺草七福神中的福
祿壽。據說是招財貓的發祥地，還立有一
座能祈求良緣的「石撫貓」像。

☎03-3872-2703 🏠東京都台東区今戸
1-5-22 🚇地下鐵・淺草站步行15分

德川吉宗栽種了近700株的櫻花樹

隅田公園

すみだこうえん

隅田川兩岸設有遊步道，春天是著名的賞櫻景
點，夏天則有熱鬧的隅田川煙火大會。還有一
座利用水戶藩邸遺構改建而成的日本庭園。

🚇地下鐵・淺草站步行3分

伴手禮

雷米香

名字取自雷門，是從江戶時代
傳承至今的淺草特產。口感酥
脆的米製餅乾，也是象徵重振家
業、出人頭地之意的吉祥點心。

人形燒

以七福神為造型的包餡和菓
子。仲見世通的木村家本店相
傳為創始店，還推出了淺草寺
的燈籠、五重塔等造型。

日本10大絕景寺社

淺草寺

🛏住宿資訊　從傳統的便宜旅館到大規模的觀光商務飯店都有，國際通的淺草站附近和雷門周邊尤其多。

家康一統天下後對太平盛世的祈願
世世代代守護都城的繽紛絢麗神殿

8 日光東照宮
にっこうとうしょうぐう

栃木縣
日光市

日本 10 大絕景寺社

日光東照宮

歷經「平成大整修」後已恢復鮮
豔色彩的國寶唐門，其他社殿也
在陸續進行修復工程

由德川家光所打造的華麗絢爛世界
以雕刻呈現出德川家康的和平願望

　　男體山（二荒山）自古以來被視為神山，8世紀後半由勝道上人開山創建寺社，開啓了神佛合一的日光山信仰。一統天下的德川家康將自己的靈廟選定在江戶北方的信仰聖地日光。家康逝世隔年的1617（元和3）年日光東照宮落成，祭祀被尊為東照大權現的德川家康。創建當時原本依照本人遺願，建築簡單樸實，但1636（寬永13）年敬愛祖父德川家康的第三代將軍家光下令大規模改建成絢爛華麗的社殿。以現今的價格換算，總工程耗資約400億日圓。出自多位名匠之手、多達5173件的精細繽紛雕刻，將包含8棟國寶在內的社殿妝點得金碧輝煌。連同日光山內的二荒山神社、日光山輪王寺已登錄為世界遺產。

Keyword

▶德川家康　據說深受陰陽道的影響，在規劃江戶都城與挑選東照宮興建場所時都是以此為基準。日光就位於連結江戶城和北極星（宇宙中心）的同一條直線上，因此成為靈廟的所在地。

▶德川家光　父親德川秀忠原本比較寵愛弟弟忠長，在家康的美言下才讓家光當上第三代將軍，故對祖父家康抱有深厚的感恩之情。

御祭神	德川家康
靈驗項目	家內平安、身體健康等

[TEL]0288-54-0560　[所在地]栃木県日光市山内2301
[交通]JR／東武日光站搭世界遺產巡迴巴士10分，表参道下車即到　[時間]8:00～17:00(11～3月～16:00)
[休]無休　[費用]1300日圓
[URL]www.toshogu.jp

重要祭典

1月1日 歲旦祭 さいたんさい
從元旦的凌晨0時到3時，陽明門會舉辦一年一度的點燈儀式迎接參拜遊客。祭典並無開放一般民眾參加。

5月17、18日 例大祭 れいたいさい
17日有奉納流鏑馬的祭神儀式，三座神輿會出巡至二荒山神社。18日則有1200多位武士抬著神輿在山內遊行的活動。

參拜建議

日光東照宮為世界遺產「日光的社寺」當中之一，是奉祭德川家康公為神明的神社。境內有靈獸、動物、植物、人物等各種雕刻裝飾，總數多達5000件以上。不妨找一找自己喜歡的雕刻圖案，也很有樂趣喔！

日光市觀光協會
鈴木 步羽小姐

境內導覽

聳立於境內入口的優美高塔
五重塔
ごじゅうのとう

創建於1648（慶安元）年，之後遭大火燒毀，1818（文政元）年重建。高約35m，第一層到第四層為日式，僅第五層為中國式。第一層的四方牆面上還有十二地支的雕刻。

守護著神馬的知名猿猴雕刻
神廐舍的三猿
しんきゅうしゃのさんざる

神廐舍亦即馬房，裡面拴著被視為神明坐騎的神馬。除了著名的「非禮勿視、非禮勿聽、非禮勿言」三猿外，還有多隻猿猴雕刻，因為猴子是馬的守護者之故。

參拜重點

猿猴雕刻背後隱藏的人生故事
神廐舍的猿猴雕刻共分成8個場景，以擬人化的手法呈現從年幼到結婚、懷孕的人生歷程。著名的三猿雕刻，就是描繪父母教導幼童對於壞事必須「不看、不聽、不說」的畫面。

在天井上嚴密監視的巨龍
本地堂的鳴龍
ほんじどうのなきりゅう

天花板上刻有幅巨龍的水墨畫，站在下方敲擊兩塊木片就會聽到如鈴聲般的共鳴。狩野安信的原畫已於1961（昭和36）年燒毀，目前看到的是復原作品。因供奉藥師如來而有藥師堂的別稱。

美輪美奐的國寶就座落在本殿前方

陽明門
ようめいもん

門上鑲有超過500件以上的雕飾，讓人流連忘返到太陽下山了也渾然不覺，因此又有「日暮之門」的別名。雕刻中還能瞧見靈獸、中國孩童嬉戲的場景等。

平成大整修後更添華麗美感

唐門
からもん

以白色為底，屋頂為唐破風樣式。上面施以龍、中國典故等精細雕刻，金屬雕飾、鏤空圍籬等優雅的裝飾都相當吸睛。已列為國寶。

莊嚴氛圍的國寶級藝術建築

拜殿·本殿
はいでん·ほんでん

舉行定期祭祀和祭典的核心社殿。本殿供奉著神靈，拜殿則有眾多雕刻及家徽圖樣極其豪華。拜殿左右設有著座之間，其中鳳凰與老鷹的雕刻在藝術上的評價甚高。

參拜重點
經過「平成大整修」後重現風采的陽明門
於2003（平成15）年開始進行「平成大整修」工程，將依序修建境內破舊殘敗的社殿。陽明門已於2017年春天修復完成並重新開放。

```
                              N
                              ↑
0        50m
```

奧宮寶塔
奧宮
奧宮拜殿

本殿　祈禱殿
拜殿　　坂下門
唐門　　　　　　　客殿·社務所
神輿舍　　　　　東迴廊的眠貓和麻雀
　　　　神樂殿　　日光東照宮美術館
本地堂　鼓樓
鳴龍　　陽明門　中神庫
　　　輪藏　　上神庫
御水舍　　　　下神庫
　内番所　　表門
神廄舍的三猿　　表番所
二荒山神社
　　　五重塔　　　表番所
　　　　　　　鐘舍
　　　　　石鳥居

日光山輪王寺↓

出自傳說名匠左甚五郎之手的雕刻作品

東迴廊的眠貓和麻雀
ひがしかいろうのねむりねことすずめ

表情溫和的眠貓雕刻位於東迴廊往奧宮方向入口處，正後方還有一隻麻雀，雖天敵環伺在側卻一派從容自在。據說此雕刻是為了傳達德川家康希冀天下太平的願望。

以前只有將軍才能入內參拜

奧宮
おくみや

塗上黑漆、完全沒有雕飾與任何圖樣的拜殿，背後的寶塔下方便葬著德川家康的陵墓。青銅製的寶塔建於德川綱吉時代，最後方還有一棵推估樹齡已有600年的許願杉，據說只要在樹根處的小祠祈求願望就能成真。

Column
建於德川家康埋葬地的久能山東照宮

德川家康於1616（元和2）年4月17日過世，最初依照遺言埋葬於度過晚年的駿府（現在的靜岡）久能山，並興建久能山東照宮。為首座將本殿和拜殿以石之間相連的權現造建物，之後除了日光東照宮，全國的東照宮也都仿照相同樣式打造。過世後隔年，德川家康的靈廟移至日光，有一說是家康的遺骸還在久能山東照宮，只是分靈移至日光東照宮而已。

日光東照宮

周邊景點 MAP

東照宮周邊被稱為日光山內，二荒山神社和日光山輪王寺也都是必訪景點。伊呂波山道走到頂，前方就是中禪寺湖畔的高原度假區。

範例行程

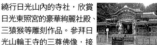

上午

巡訪日光山內華麗又歷史悠久的寺社

繞行日光山內的寺社，欣賞日光東照宮的豪華絢麗殿殿、三猿猴等雕刻作品。參拜日光山輪王寺的三尊佛像，接著前往以結緣和招福著稱的二荒山神社。午餐就享用名產湯葉懷石料理。若要利用公共交通工具的話，搭乘世界遺產巡迴巴士最為方便。

下午

倘佯奧日光的大自然，享受白濁色的溫泉湯

走伊呂波山道直抵奧日光的風景勝地。造訪華嚴瀑布後，前往二荒山神社中宮祠參拜，欣賞重要文化財的唐門和本殿、拜殿。搭乘中禪寺湖遊船、漫步戰場之原的濕地，最後到日光湯元溫泉泡個湯，小歇片刻再踏上回程。

順道一嘗

日光湯葉

日光當地的名產，起源於修行僧侶食用的素齋。有提供套餐可選，另外還有炸湯葉饅頭等餐點。

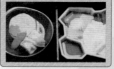

伴手禮

羊羹

以日光的名水製成。相傳皇族出身的輪王寺法親王很愛吃羊羹，因此也逐漸在公家、武家間流行開來。

丸沼高原 ◎

▲三岳

日光湯元溫泉 ●

山巒環繞的風景名勝地，湖畔設有繞行一周3km的步道。也是釣鱒魚的著名景點，紅葉時節尤其美不勝收

湯之湖

● 湯瀑布

日光アストリアホテル H
● 光德牧場

日本浪漫街道

四周盡是水楢樹林的草原地帶。兼具有濕原和草原的特徵，每逢草紅葉的季節就會染成一片紅黃交織的世界

戰場之原展望台 ●
● 戰場之原

● 小田代原

120

赤沼 ● 赤沼自然情報中心

▲男體山

海拔2486m的男體山山頂設有奧宮，源起於8世紀末勝道上人建造的小廟。從中宮祠徒步約需4小時

日 二荒山神社 奧宮

歷史悠久的日光溫泉街

日光湯元溫泉

にっこうゆもとおんせん

為乳白色的溫泉，溫泉街就在湯之湖的沿岸。據說是奈良時代由日光山信仰的開山祖師勝道上人所發現。湖光山色環繞四周一片寂靜，還設有免費的足湯。

📞0288-62-2570
(奧日光湯元溫泉旅館協同組合)
🚉栃木縣日光市湯元
🚌JR／東武日光站搭往湯元溫泉方向的東武巴士1小時25分，終點站下車即到

● 龍頭瀑布

位於本社與奧宮的中間，本殿和唐門皆為重要文化財。從本堂旁有山路可通往奧宮

H 中禪寺金谷飯店

H 奧日光ホテル四季彩

第一伊呂波山道

日 二荒山神社 中宮祠
120

遊覽船搭乘處 ● 中禪寺溫泉

華嚴瀑布

中禪寺湖

明智

總共有48個彎道，因此以48個音節的伊呂波歌來命名。為賞楓名勝

第二伊呂波

位於海拔1269m之處，為男體山火山噴發後所形成的湖泊。可享受釣魚、搭船遊湖的樂趣

日光山信仰的聖地
二荒山神社
ふたらさんじんじゃ

8世紀末由勝道上人創建，祭祀有福神、結緣神之稱的大國主命。境內湧出的二荒靈泉，據說有治療眼疾、返老回春的效果。
☎0288-54-0535
🏠栃木縣日光市山內2307
🚃JR／東武日光站搭世界遺產巡迴巴士18分，大猷院二荒山神社前下車即到

關東首屈一指的知名瀑布
華嚴瀑布
けごんのたき

落差高達97m的壯觀瀑布，為日本三大名瀑之一。新綠、紅葉以及小瀑布結冰的冬天，每個季節都有不一樣的美麗風貌。
☎0288-55-0030
🏠栃木縣日光市中宮祠2479-2 🚃JR／東武日光站搭往中禪寺溫泉或湯元溫泉方向的東武巴士45分，中禪寺溫泉下車步行5分

天台宗三本山之一的古寺
日光山輪王寺
にっこうざんりんのうじ

肇始於勝道上人在奈良時代末期所建造的四本龍寺。三佛堂為日光山內最大的建築物，供奉著7.5m高的三尊佛像。另外還有一座池泉迴遊式庭園。
☎0288-54-0531
🏠栃木縣日光市山內2300
🚃JR／東武日光站搭世界遺產巡迴巴士12分，勝道上人像前下車即到

二荒山神社的別宮，相傳為平安初期由弘法大師創建。籠罩在綠意盎然的靜謐之中，從神橋徒步約30分鐘

瀧尾神社

創業於1873（明治6）年的日本第一家西式飯店，內部的古典氛圍瀰漫著濃濃的歷史韻味

上圖

日光東照宮

松尾芭蕉曾經在此瀑布歌詠「暫且隱身於瀑布，如夏季修行之初般心情清爽」。瀑布內側供奉有不動明王，但目前禁止入內

裏見瀑布

丹勢山▲

日光田母澤御用邸紀念公園

日光金谷ホテル

日光宇都宮道路

清瀧

日本羅曼蒂克街道

東武日光站

日光站

下今市站

今市站

日光

字來自於神話中男體山與赤城山的戰鬥場地
戰場之原
せんじょうがはら

座落於海拔1400m的濕原。設有木棧步道，春夏期間能欣賞白毛羊鬍子草、繡線菊，秋天則有漂亮的草紅葉。
☎0288-22-1525（日光市觀光協會）
🏠栃木縣日光市中宮祠 🚃JR／東武日光站搭往湯元溫泉方向的東武巴士1小時5分，赤沼下車即到

震懾人心的大佛雄姿
象徵天平文化的精髓與力量

奈良縣
奈良市

9 東大寺
とうだいじ

從參拜人潮的數量即可得知大佛殿
的規模有多大，奈良寺院的宏偉程
度著實令人嘆為觀止

人心安定的祥和社會與平穩世局
即聖武天皇殷切期盼的願望

　　雖為天平文化開花結果的奈良時代，但飢荒、乾旱、天花傳染病、地震等災難也接踵而至，絕稱不上是國泰民安之世。當時聖武天皇深受華嚴經思想的影響，亦成為之後東大寺創建的基礎。728（神龜5）年聖武天皇興建了金鐘山寺，為未滿一歲就夭折的皇太子祈禱冥福。此即大和金光明寺，也就是東大寺的前身。743（天平15）年，為祈求社會安泰，聖武天皇頒布了建造大佛之詔令。正面氣勢恢弘的大佛殿是江戶時代的重建之物，但並非所有受災的建築都有重建，因此不難想見創建當時的寺域面積有多廣大。

Keyword 🔑

▶天平文化 盛行於奈良平城京時代7世紀末～8世紀中左右的貴族文化、佛教文化，與聖武天皇的統治時代重疊。

▶華嚴經 闡述世間萬物皆有密切的相關關係，必須維繫好這些關係才能打造出平和有秩序的世界。

| 宗派 | 華嚴宗 | 御本尊 | 盧舍那佛坐像 |

[TEL]0742-22-5511　[所在地]奈良県奈良市雑司町406-1　[交通]奈良交通巴士·大佛春日大社前下車步行5分　[時間]境內自由參觀，大佛殿、法華堂、戒壇堂7：30～17：30(10月～17：00) 11月～3月8：00～16：30(3月～17：00)　[休]無休
[費用]大佛殿500日圓、戒壇堂500日圓、法華堂500日圓、東大寺博物館500日圓，大佛殿與東大寺博物館的套票800日圓　[URL]www.todaiji.or.jp

重要祭典

3月上旬～2星期間 修二會 しゅにえ
自752（天平勝寶4）年傳承至今的祭神儀式，在殿宇燒毀後仍然照常舉行。取水亦為修二會當中的一項修行。

5月上旬 聖武天皇祭 しょうむてんのうさい
聖武天皇為建造大佛背後的推手，忌日法會會在祭祀聖武天皇的天皇殿內舉行。僅限當天才能入內參拜天皇殿。

參拜建議

位於南側入口的南大門置有運慶、快慶雕刻的金剛力士像，規模巨大極具震撼力。從境內二月堂的欄杆可眺望前方的大佛殿及背後的奈良街景，十分推薦唷！

奈良市觀光協會
嶋田 純子小姐

境內導覽

佇立於東大寺入口的國寶大門
南大門
なんだいもん

高度超過25m的宏偉建築。創建於天平時代，現存物為鎌倉時代所重建。厚重磅礴的氣勢，則來自於直達屋頂的巨大圓柱。

參拜重點

非看不可的雙體金剛力士像！為日本最大的木雕像，左邊的阿形像與右邊的吽形像相對而視。1203（建仁3）年由運慶、快慶、定覺、湛慶同時進行製作，總共耗時70天。

從天平時代至今的東大寺歷史軌跡
東大寺博物館
とうだいじミュージアム

展示東大寺1300年的歷史、置於三昧堂的木造千手觀音立像等眾多東大寺收藏的重要文化財與國寶，能深度瞭解東大寺的所有面貌。

安置盧舍那佛坐像的最大規模木造建築
大佛殿
だいぶつでん

東大寺的主要核心。目前的建物重建於1691（元祿4）年，正面寬57m比創建當時還少了29m，但依然是全世界最大的木造軸組建築。

開光儀式超過萬人參加
閃耀金黃光輝的大坐像
盧舍那佛坐像
（るしゃなぶつざぞう）

以奈良大佛之名廣為人知。盧舍那意為光明遍照，752（天平勝寶4）年完工當時原本是金色的身軀。兩度遭遇大火後又重新打造，目前的佛像外觀大多是鎌倉、江戶時期的復原成果。

參拜重點

大佛的各種「數字」
大佛的座高14.98m，是佛像基本尺寸「丈六」的10倍，十則代表宇宙規模的巨大程度。實際尺寸約15m，也同樣象徵宇宙範圍的廣大。頭上一顆顆被稱為螺髮的突起物，每個直徑22cm、重1.2kg。手掌長度為2.56m。

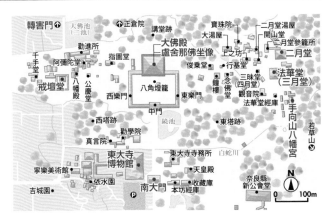

手向山八幡宮 ➡P.100
東大寺博物館
P
南大門
0   100m
N

參拜重點

東大寺的鎮守社「手向山八幡宮」建造東大寺的大佛和殿宇時，從宇佐八幡宮（現在的宇佐神宮➡P.100）迎來分靈作為鎮守之神，為八幡宮的首次創舉。自古以來即知名的紅葉景點，菅原道真也曾歌詠這幅美景並收錄在《古今和歌集》中。

手向山八幡宮 たむけやまはちまんぐう
☎0742-23-4404
🏠奈良縣奈良市雜司町434

日本第一個授戒場所
戒壇堂
（かいだんどう）

授戒即佛門弟子宣誓踏入佛道時的儀式。754（天平勝寶4）年，曾迎請鑑真大師前來替聖武上皇等人舉行授戒。現存物為1732（享保17）年所重建。

從戰火中倖存的奈良時代遺構
轉害門
（てがいもん）

為東大寺少數保留下來的原始建物，已被指定為國寶。鎌倉時代曾經整修過，但基本上還維持創建當時的樣貌。

Column
大佛與大佛殿的受難歷史

752（天平勝寶4）年大佛進行開光儀式、758（天平寶字2）年大佛殿創建，但還不到100年就已經出現龜裂，在855（齊衡2）年的大地震中大佛的頭部還掉落下來。而最大的災難則是兩度遭遇戰火襲擊，第一次是1180（治承4）年平重衡等人火燒南都時將大半個寺院焚毀殆盡，第二次是在1567（永祿10）年的三好、松永之亂中再度被燒毀。直到一個世紀後的1692（元祿5）年，才進行第三次的修建復原。

以取水儀式著名的建物
御本尊為十一面觀音
二月堂
（にがつどう）

取水儀式又稱為修二會，因於舊曆2月舉辦而命名為二月堂。與其他建物不同的是歷經兩次戰火都毫髮無傷，但卻在1667（寬文7）年的取水儀式時失火，目前的建物重建於1669（寬永9）年。

東大寺最古建物
前身為金鐘寺的遺構
法華堂（三月堂）
（ほっけどう〈さんがつどう〉）

由於法華會在舊曆3月舉行，所以稱為三月堂。堂內殘留的佛像大多來自奈良時代，雖部分已移至東大寺博物館，依舊能欣賞到一整排的國寶佛像。

東大寺

周邊景點 MAP

以奈良公園為中心，興福寺、春日大社、元興寺等世界遺產的寺社都在附近。若想體驗漫步古都的氣氛，就到町家建築林立的奈良町逛逛吧。

範例行程

感受所有與大佛相關的歷史氣息

上午　不只大佛，連堂宇、山門、供奉的佛像都很值得細細品味欣賞。或是到東大寺博物館探索歷史軌跡，一睹眾多佛像的風采。參拜完東大寺後，即可穿越奈良公園前往興福寺。

下午　從奈良町的町家建築一窺江戶、明治時代的風情
由興福寺行經猿澤池前往奈良町。找間町家改裝的咖啡廳好好享用一頓遲來的午餐，接著到各店舖尋找適當伴手禮的雜貨。逛完奈良町後若時間還有餘裕，也可繞到高畑走走。

以阿修羅像名聞遐邇，另有眾多國寶和重要文化財

興福寺　➡P.178
こうふくじ

669（天智天皇8）年建立，隨著每次遷都就跟著一併搬遷、改名，於710（和銅3）年更名為興福寺。寺內有阿修羅像等諸多國寶和重要文化財，重建中的中金堂預定於2018年竣工。

☎0742-22-7755　住奈良縣奈良市登大路町48
交近鐵奈良站步行5分

木津站

近鐵奈良線
大和西大寺站

關西本線

奈良站

檢察廳
奈良縣文化會館
奈良縣立美術館
奈良警察

展示日本畫、浮世繪等與奈良縣有淵源的收藏家作品，收藏數量已超過4200件

369

近鐵奈良站
ホテルアジール・奈良
開化天皇陵

由於東側即興福寺的所在地，店家全都蓋在街道的西側因此名為東向商店街

東向商店街

三条通
率川神社
本妙寺

跟隨高僧理源大師一同擊退作亂大蛇的當地年輕人，因為總是帶著麻糬伴手禮去找大師而有「餅飯殿」的稱號

餅飯殿中央街

椿井小

國寶館
興福寺

猿澤池
よしだや

1909（明治42）年創業，以古都奈良的迎賓館之姿接待過無數國內外的重要人士與名人

奈良酒店

格子窗散發出奈良町家復古風情

奈良町

位於猿澤池的南側、元興寺舊寺域內的一隅，還保留著江戶、明治時代樣貌的町家建築。有多家咖啡廳和雜貨屋散佈其間。

☎0742-26-8610（奈良町情報館）　住奈良縣奈良市中院町周辺
交近鐵奈良站步行13分

由地域活性局所營運的觀光服務處。除了介紹觀光名勝，也會提供咖啡廳、店家的相關資訊

奈良町情報館

住吉神社
十念寺
杉岡華邨書道美術館

中新屋町
元興寺

奈良町
奈良町資料館
西新屋町　元興寺塔跡

從中新屋町到西新屋町一帶町家建築林立，別具風情

日本最古老的佛寺，身為蘇我馬子建立的法興寺

元興寺
がんごうじ

法興寺隨著遷都至平城京後更名為元興寺，原本位於飛鳥的法興寺則改名為飛鳥寺繼續留存。國寶的極樂坊本堂等建物都還完整保留。

☎0742-23-1377　住奈良縣奈良市中院町11
交近鐵奈良站步行15分

天理站

卍 龍松院

N
0   100m

大佛池

東大寺 卍

鏡池

造訪收藏有古代中國和朝鮮陶瓷器、茶具的寧樂美術館以及一旁的美麗庭園，其中的依水園為國家指定文化財

寧樂美術館
依水園

● 東大寺美術館
● 南大門

吉城川

冰室神社 ⛩
観鹿荘

奈良縣新公會堂 ●

奈良國立博物館 ●

⛩ 水谷神社

⛩ 大仏殿春日大社前

奈良公園

佛教美術資料研究中心 ●

之鳥居

荒池

位於春日大社參道南側的鹿收容設施。每年10月會舉辦例行的切鹿角儀式，附設資料室

高畑自古以來即春日大社的社家町。大正、昭和年代有許多文化界人士定居於此地，志賀直哉也是其中之一

⛩ 春日大社本殿
春日大社寶物殿
春日大社 ⛩

● 鹿苑

鎮護國家的古老神社
春日大社
かすがたいしゃ

全國春日神社的總本社。神社的由來相傳是奈良時代初期為了守護平城京，因而恭請武甕槌命神降守至御蓋山的山頂。

☎0742-22-7788　🏠奈良県奈良市春日野町160　🚍奈良交通巴士·春日大社本殿下車即到

緊鄰名勝舊大乘院庭園的文化遺產中心，可以欣賞庭園、展示物或是當成遊逛奈良町途中的休憩場所

勝大乘院庭園文化館

高畑
志賀直哉舊居 ●

一輩子總共搬過28次家的志賀直哉，曾於1929（昭和4）年起在此度過9年歲月，融合和洋風格的住宅

以佛教美術為大宗的收藏與展示
奈良國立博物館
ならこくりつはくぶつかん

奈良佛像館成立於1895（明治28）年，建築物本身已被指定為重要文化財。東新館與西新館皆為校倉造樣式的建築，館內藏有眾多國寶和重要文化財。

☎050-5542-8600(NTT Hello Dial語音服務)
🏠奈良県奈良市登大路町50　🚍近鐵奈良站步行15分

卍 感德寺

卍 不空院

卍 新藥師寺

747（天平19）年光明皇后為祈求聖武天皇病癒而興建，目前作為本堂的佛殿是奈良時代的建物

生
⛩ 轉害門

天理

順道一嘗

茶粥
起源於建造大佛之際，為了捐贈興建大佛的資金，民眾縮衣節食僅以少量米煮成粥食用，後來成為當地的名產

柿葉壽司
醋飯上放上鯖魚、小鯛魚、鮭魚等食材，再以柿葉包裹起來做成押壽司。藉由柿葉的殺菌作用可延長保存時間。

伴手禮

奈良漬
從平城京時代流傳下來的醬菜。先將白瓜、小黃瓜等加鹽醃漬，之後再以酒粕反覆替換醃漬。自江戶時代以來，廣受平民百姓的喜愛並大為普及。

🏨 住宿資訊　城市飯店雖然價格實惠但數量不多。奈良公園周邊的住宿設施前往觀光景點也很方便。

10 出雲大社
いずもおおやしろ

島根縣
出雲市

規模恢弘，威嚴聳立的拜殿。從左邊開始捲起、中間較粗的巨大注連繩，為出雲系神社的獨特造型。

從神話世界中誕生的古社
古神社建築式樣的莊嚴社殿

　　根據《古事記》等神話的記載，出雲大社的祭神大國主大神是開拓日本國土、鞏固人民生活的建國之神。當天界的天照大神逼迫其讓出國家統治權時，大國主大神提出交換條件要求興建一座巨大的神殿，此即出雲大社的由來。傳說每年的神無月期間，全國各地的八百萬神明都會集結至大國主大神居住的出雲，商討各種結緣事宜。御祭神鎮座的本殿為全日本最大規模，最古老的神社建築式樣至今仍完整保留。屋頂氣勢宏偉的本殿、懸掛著巨大注連繩的神樂殿，境內瀰漫著與俗世迥然不同的嚴謹氛圍。於2013（平成25）年睽違60年的「平成大遷宮」中，修繕後的本殿又重新恢復了往昔的風采。

Keyword ⚷

▶**大國主大神** 被視為是締結一切萬物之間的幸福緣分、擁有結緣靈力的神祇，不單只是男女間的姻緣，還有人與幸福的因緣。

▶**神無月** 舊曆10月各地神明都會群聚在出雲，因此又有神無月的別名。相反的在神明集結的出雲地區，舊曆10月則被稱為神在月。

御祭神	大國主大神
靈驗項目	締結良緣、祈求子嗣等

[TEL]0853-53-3100　[所在地]島根県出雲市大社町杵築東195　[交通]一畑電車・出雲大社前站步行10分　[時間]6：30〜20：00　[休]無休　[費用]免費(寶物殿300日圓)　[URL]www.izumooyashiro.or.jp

重要祭典

5月14〜16日 大祭例 だいさいれい
盛大華麗的祭典中有插秧舞、流鏑馬、神輿出巡等各式各樣祭神儀式，還有名為大茶會的活動。

舊曆1月1日 福神祭 ふくじんさい
於舊曆元旦的凌晨1時舉行，開放讓眾人取下神樂殿注連繩上代表招福之意的白色紙串。另外還會舉辦金、銀、銅、木製神像的抽選會。

參拜建議

出雲大社內供奉著專司各種「緣分」的大國主大神。不妨往右繞行御本殿外圍的瑞垣一圈，邊欣賞御本殿的建築本體。尤其從御本殿正後方的角度抬頭仰望，更能近距離感受御本殿的雄偉壯麗。此外還有定時導覽行程提供出雲大社的詳細解說，每天3個梯次、一人500日圓，請大家多加利用。

**出雲觀光協會
導覽組長
堀江 舞小姐**

※詳情請上出雲觀光協會網站「出雲觀光ガイド」
[URL] www.izumo-kankou.gr.jp

境內導覽

本殿正面參道起點的木製鳥居
二之鳥居
にのとりい

矗立於參道入口的木製鳥居。以前這附近有座劇場總是吸引大批人潮，因此從形容人群聚集的日文「大勢の人溜り」又衍生出勢溜鳥居的別稱。

參拜重點

穿越四座鳥居的參拜路線
出雲大社共有四座鳥居，需全數穿越才是正式的參拜路線。一之鳥居位在宇迦橋端，從熱鬧的神門通走到底即可看到二之鳥居。鳥居有的是木製、有的是鐵製，材質都不一樣。

能潔淨身心的場所
祓社
はらいのやしろ

位於參道右後方的小神社，祭祀著能洗滌身心、祛除汙穢的祓井神。請先參拜祓社淨身後，再繼續前往本殿。

日本少見的下坡參道

松之參道
まつのさんどう

兩旁松樹林立的下坡參道，樹齡推估已超過350年。正中央是神明通行的道路，因此請靠兩端行走。

Column 📣

「平成大遷宮」後重新復甦的莊嚴社殿

目前的本殿建於1744（延享元）年，迄今已經歷過三次遷宮，2008（平成20）年才剛進行相隔60年之久的平成大遷宮工程。不同於伊勢神宮的翻新重建，出雲大社的遷宮只是局部進行修繕，讓創建當時的結構與建築技術得以永續傳承。從2008年4月開始費時5年，進行更換檜皮葺屋頂等整修工程。屋頂上方覆蓋在千木和勝男木上的銅板，也遵循傳統塗上瀝青漆，重現130年前的風采。瑞垣內的社殿已於2013年5月修復完成，瑞垣外的社殿也在2016年3月全數完工。

門上的精緻雕刻也是必看焦點

八足門

やつあしもん

佇立於環繞本殿四周的瑞垣。一般參拜客到此處就得止步，從門外向本殿行禮參拜。門前的石階下有塊標示著巨柱挖掘場所的石板，相傳為古代神殿之物。

參拜重點

出雲大社的參拜方式為「二禮、四拍手、一禮」，絕大多數的神社都是「二禮、二拍手、一禮」，但出雲大社卻是「二禮、四拍手、一禮」，其他社殿也都一樣。站在八足門前向本殿參拜後，不妨沿著本殿周圍的瑞垣以反時針方向造訪各社殿。

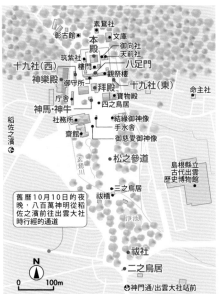

舊曆10月10日的夜晚，八百萬神從稻佐之濱前往出雲大社時行經的通道。

地圖標示：素鵞社、彰古館、文庫、本殿、御向社、天前社、筑紫社、十九社（西）、樓門、八足門、神樂殿、御守所、觀祭樓、拜殿、十九社（東）、命主社、庁舎、寶物殿、神馬・神牛、四之鳥居、社務所、結緣御神像、稻佐之濱、手水舎、齋館、御慈愛御神像、松之參道、島根縣立古代出雲歷史博物館、三之鳥居、祓橋、伊池、祓社、二之鳥居、神門通／出雲大社站前

0　100m
N

日本最大規模的本殿建築

本殿

ほんでん

御祭神居住的場所，建於1744（延享元）年、高24m。大社造樣式的社殿為日本最古老的神社建築風格，由田字型排列的9根樑柱支撐。建物雖面向南方，但御神座卻朝西方鎮座。已列為國寶。

安產・求子相當靈驗

神馬・神牛

しんめ・しんぎゅう

殿房內安置著被視為神明坐騎的銅馬和銅牛。只要撫摸馬鼻就能求得子嗣、平安順產，銅牛則可祈求庇佑學業成就、五穀豐收，吸引不少民眾前來許願。

戰後興建的傳統木造建築

拜殿

はいでん

參拜者進行祈禱的場所。1953（昭和28）年燒毀，1959年重建復原。建築風格結合了大社造與切妻造兩種樣式。

兩旁細中間粗，日本最大的注連繩

神樂殿

かぐらでん

舉行神樂等祭神儀式和婚禮的場所。大注連繩重達4.4噸，寬8m，製作時從左邊開始捲是出雲大社的特徵。

眾神明的住所

十九社

じゅうくしゃ

於舊曆10月八百萬神明集結到出雲的神在祭期間，為神明們所安排的住宿場所。期間中為迎接眾神的到來，會將門扉打開。

日本10大絕景寺社　出雲大社

出雲大社

周邊景點 MAP

門前的神門通上有形形色色的店家，參拜客人來人往十分熱鬧，與「結緣」相關的商品也很豐富。周邊還有神話故事舞台的能量景點分散在各處。

歷史悠久的出雲古社之一

日御碕神社
ひのみさきじんじゃ

位於島根半島的西端，為下之宮與上之宮兩社的總稱。社殿建於江戶初期，屬於權現造樣式的桃山建築。相對於伊勢神宮守護著日本的白天，下之宮則是守護日本的夜晚。

📞0853-54-5261 🏠島根縣出雲市大社町日御碕455
🚃一畑電車・出雲大社前站搭往日御碕方向的一畑巴士25分，日御碕下車即到

有各種出雲名產和結緣商品

神門通
しんもんどおり

餐廳、咖啡廳、特產店林立，氣氛相當熱絡。二之鳥居附近還有條充滿風情的御緣橫丁，可以選購特色伴手禮、品嘗美食。

🏠島根縣出雲市大社町杵築南
🚃一畑電車・出雲大社前站下車即到

出雲日御碕燈塔

日御碕神社⛩　📍日御碕

> 高44m的日本最高石造燈塔，可從塔上欣賞日本海的美景。通往燈塔的路上，有許多販售海鮮蓋飯「岬丼」的餐廳

▲高見平山

㉓

㉙

N
0　500m

夕陽也很美的神話舞台

稻佐之濱
いなさのはま

弁天島就矗立在岸邊，風光明媚的海灘也曾被評選為「日本海灘百選」之一。為讓出國家統治權的神話故事舞台，也是每年眾神集結的地方，屆時還會舉辦迎神的儀式。

📞0853-53-2112(出雲觀光協會)
🏠島根縣出雲市大社町杵築北2844-73
🚃一畑電車・出雲大社前站搭往日御碕方向的一畑巴士7分，稻佐浜下車即到

> 八雲山是相傳素盞鳴尊建造宮殿的聖山，山麓置有供奉素盞鳴尊的素鵞社

奉納山公園
稻佐浜　🅿
稻佐之濱 ●

出雲大社 ⛩

出雲阿國之墓 ● 島根縣立
神迎之道 ● 出雲歷史博物館

御緣橫丁・
神門通

出雲大社前

一之鳥居

公路休息站 大社ご緣廣場

舊

> 已經廢線的JR大社線車站，還保留著1924(大正13)年建造的純日式車站建築

曾出土許多繩文～古墳時代的遺物，也有一說是《出雲國風土記》中記載的黃泉穴

十六島灣

垂水神社 ⛩

佛照寺 卍

豬目洞窟 ●

⛩ 大歲神社

♀鱷淵寺駐車場

鱷淵寺 卍

順道一嘗

出雲蕎麥麵
將蕎麥籽連殼下去研磨因此顏色偏黑，風味十分濃郁。有裝在圓形漆碗內的割子蕎麥麵、加入熱騰騰麵湯的釜揚蕎麥麵等口味。

出雲善哉
於出雲大社神在祭期間款待眾人的神在餅，據說就是善哉的起源。特徵是水分較多、口味偏鹹。

伴手禮

結緣商品
飾品、糕餅之類與結緣之神相關的商品種類豐富，神門通等處都買得到。

輕鬆認識出雲的悠久歷史
島根縣立古代出雲歷史博物館
しまねけんりつこだいいずもれきしはくぶつかん

透過模型、影像等方式介紹出雲的歷史和神話，也有展示鎌倉時代出雲大社本殿的樑柱、古代本殿的縮小模型。
📞0853-53-8600 🏠島根縣出雲市大社町杵築東99-4
🚌一畑電車・出雲大社前站步行7分

弁慶曾在此修行的紅葉名勝
鱷淵寺
がくえんじ

創建於594（推古天皇2）年的天台宗寺院。據說曾於境內的瀑布祈求治癒推古天皇的眼疾，如願病癒後就在此地建造了寺院。
📞0853-66-0250
🏠島根縣出雲市別所町148
🚌一畑電車・雲州平田站搭平田生活巴士・鱷淵線25分，鱷淵寺駐車場下車步行15分

卍 莊嚴寺

431

431

平田 ➡

高濱川

一畑電車大社線

濱山公園北口站

雲州平田站 ➡

161

28

出雲文化傳承館

⊗大社高

162

濱山公園

將明治時代權勢之士江角家宅邸和枯山水庭園遷移至此地，也復原了相傳由千利休建造的茶室

範例行程

在出雲大社感受神治時代的氣氛
上午 從一之鳥居行經神門通、松之參道前往出雲大社參拜。於島根縣立古代出雲歷史博物館吸取出雲大社和出雲地區的歷史知識後，到神門通選購結緣商品當伴手禮、品嘗出雲蕎麥麵或出雲善哉。

造訪日本海沿岸的風景名勝和周邊古社
下午 在稻佐之濱悠閒漫步後，不妨來趟灣岸兜風之旅，參拜權現造樣式的日御碕神社、登上日御碕燈塔眺望日本海，或是享用日御碕的著名美食岬丼，品嘗在地新鮮魚貝的好滋味。若還有時間也可到鱷淵寺逛逛。

西

🚇出雲市站／湯之川溫泉

▶祈求**締結良緣、戀愛成功**的人氣寺社

京都的水源地，繪馬的發祥地

貴船神社　➡P.32
きふねじんじゃ

祭祀水神高龗神的神社，周圍森林為京都的水源地之一。境內的馬兒雕像，象徵以往朝廷為祈求下雨或雨停時所獻祭的馬匹，亦即繪馬的起源。又以水占卜、結緣之地聞名。

[TEL]075-741-2016
[所在地]京都府京都市左京区鞍馬貴船町180

來自全國各地的參拜者絡繹不絕

鈴蟲寺
すずむしでら

正式名稱為妙德山華嚴寺。為祈願名勝地，一年四季都能聽到鈴蟲的鳴叫聲。山門旁有尊穿著草鞋的地藏石像，據說會親自走訪幫助人們實現願望。聆聽幽默風趣的說法講道，也是參拜者期待的樂趣之一。

[TEL]075-381-3830
[所在地]京都府京都市西京区松室地家町31

西陣的氏神社，門前町還有賣炙餅的茶屋

今宮神社
いまみやじんじゃ

歷史可上溯至平安建都以前。平安時代中葉為鎮壓瘟疫，曾舉行紫野御靈會，廣受朝廷與平民百姓的深厚信仰。西陣蔬菜店的女兒阿玉最後當上了將軍之母，因此也被視為是能祈求嫁入豪門的神社。

[TEL]075-491-0082
[所在地]京都府京都市北区紫野今宮町21

變成美女並求得良緣

泉涌寺
せんにゅうじ

置有皇室陵墓的寺院，地位崇高又有御寺之稱。廣大的境內有佛殿、開山塔、大門等已指定為重要文化財的壯麗建築物。以祈求良緣靈驗聞名，另外還相傳參拜楊貴妃觀音像即可擁有美貌。

[TEL]075-561-1551
[所在地]京都府京都市東山区泉涌寺山内町27

與重要的人之間的緣份，相信每個人都會很在意吧。
不僅能保佑戀愛成功，還可以祈求情侶、朋友、同事等各式各樣關係的良緣。

切惡緣從前往後鑽，結良緣從後往前鑽
安井金比羅宮
やすいこんぴらぐう

以崇德天皇、大物主神、源賴政為祭神。原本是藤原鎌足為祈求家門隆昌繁榮而興建的殿堂，也以紫藤花的景點著稱。鑽過緣切緣結碑後貼上紙條即可斬斷惡緣、締結良緣，廣受眾人信仰。

[TEL]075-561-5127
[所在地]京都府京都市東山区下弁天町70

以連理賢木為象徵物的結緣神社
相生社（下鴨神社內）
あいおいしゃ（しもがもじんじゃない）

位於蔥鬱森林正中央的下鴨神社境內，兩棵樹從中間結合成一體的連理賢木被視為結緣的象徵。先將許願內容寫在繪馬上，男生以順時針方向、女生以逆時針方向環繞社殿3圈後再奉納繪馬。

[TEL]075-781-0010(下鴨神社)
[所在地]京都府京都市左京区下鴨泉川町59

東京都內的伊勢參拜
東京大神宮
とうきょうだいじんぐう

被暱稱為「東京伊勢桑」的伊勢神宮遙拜殿，御祭神與伊勢神宮同樣是天照皇大神、豐受大神。能庇佑境內平安、開運厄除等多種祈願，其中又以結緣神社最廣為人知，也有不少情侶會在這舉行結婚儀式。

[TEL]03-3262-3566
[所在地]東京都千代田区富士見2-4-1

安置著憑弔悲戀少女的地藏
密嚴院 於七地藏
みつごいん・おしちじぞう

名為八百屋於七的少女，因對意中人朝思暮想竟於家中放火，最後被處以火刑而死。感到同情的民眾們為了弔慰少女而打造了一尊地藏菩薩。據說有感情煩惱的人前往參拜，即可得到於七的幫忙牽結緣線。

[TEL]03-3761-8957
[所在地]東京都大田区大森北3-5-4

▶ 祈求締結良緣、戀愛成功的人氣寺社

每早8時發放超高人氣的結緣石
川越冰川神社
かわごえひかわじんじゃ

以素盞嗚尊和奇稻田姬命、腳摩乳命和手摩乳命兩對夫妻為祭神，據說締結良緣、夫婦圓滿相當靈驗。境內的白色小石被當成是良緣護身符，每天早上都會發放20個經過祈福加持的結緣石。

[TEL]049-224-0589
[所在地]埼玉県川越市宮下町2-11-3

與源賴朝和北條政子有淵源的神社
伊豆山神社
いずさんじんじゃ

伊豆地名為由來的古老神社，為平治之亂後遭流放的源賴朝祈求源氏再興的舉兵之地。也是源賴朝與北條政子同宿雙飛的場所，也有不少參拜者慕名前來祈願戀愛成功。

[TEL]0557-80-3164
[所在地]静岡県熱海市伊豆山708-1

聚集能讓運氣上升的好「氣」
氣多大社
けたたいしゃ

供奉歷經無數困難終成眷屬並在妻子的協助下治理國家的大國主神，因此吸引許多人前來祈求戀愛成功。每個月一號會舉行名為一日結緣的祭事，從8時30分至16時30分皆可免費接受結緣祈福的儀式。
[TEL]0767-22-0602
[所在地]石川県羽咋市寺家町ク1-1

透過靈木與靈水庇佑戀愛圓滿
愛染堂勝鬘院
あいぜんどうしょうまんいん

由聖德太子創建。金堂內祭祀著手持結緣弓箭的愛染明王，深得祈求夫婦圓滿、戀愛成功的女性們虔誠信仰。只要喝下境內的愛染靈水，據說就有保佑戀愛成功、疾病痊癒、開運等功效。

[TEL]06-6779-5800
[所在地]大阪府大阪市天王寺区夕陽ヶ丘町5-36

眾多女性憧憬的神前式婚禮地點
生田神社
いくたじんじゃ

也曾出現在《日本書紀》中的古老神社。情侶一同來參拜並到守札授與所購買紅白一對的御守，之後各自帶在身上聽說就能順利結成連理。此外穿越第一座鳥居後的右手邊即松尾神社的杉樹，據說只要在此許願，戀愛就會成功。

[TEL] 078-321-3851
[所在地] 兵庫縣神戶市中央区下山手通1-2-1

相當靈驗的戀愛占卜、鏡之池
八重垣神社
やえがきじんじゃ

以擊退八岐大蛇聞名的素盞嗚尊和稻田姬命為主祭神。由於兩位神明在日本神話中歷經了浪漫曲折才終成連理，因此前來祈求良緣的女性總是絡繹不絕。將硬幣放在占卜紙上置入水面漂浮的戀愛占卜鏡之池，及夫妻杉、連理山茶花都很值得一訪。

[TEL] 0852-21-1148
[所在地] 島根縣松江市佐草町227

建於天孫降臨之地供奉天照大神的神社
高千穗神社
たかちほじんじゃ

境內還留著創建當時的鎮石，現在成了著名的能量景點。另有兩棵樹根根相連的夫妻杉，相傳若情侶或朋友手牽手繞行三圈就能保佑雙方關係更加圓滿、子孫繁榮、家內平安。

[TEL] 0982-72-2413
[所在地] 宮崎縣西臼杵郡高千穗町三田井1037

一目瞭然的御祭神名「戀命」
水田天滿宮末社 戀木神社
みずたてんまんぐうまっしゃ こいのきじんじゃ

為供奉菅原道真的水田天滿宮的末社。以戀命為御祭神，神殿內的花紋則設計成心型，鳥居、參道等境內各處也都能見到心型的圖案。據說當初紀念今上天皇結婚而栽種的兩棵樟樹最後竟合為一體，為流傳許多逸聞傳說的愛情能量景點。

[TEL] 0942-53-8625
[所在地] 福岡縣筑後市水田62-1

▶祈求**財運、商業繁盛**的人氣寺社

朱紅鳥居綿延的稻荷神社總本宮
伏見稻荷大社 ➡P.52·106
ふしみいなりたいしゃ

彷彿無限延伸的朱紅鳥居令人印象深刻的伏見稻荷大社，是全國近3萬座稻荷神社的總本宮。自古以來就是保佑五穀豐收、商業繁盛的守護神，廣受百姓的愛戴。稻荷山上有無數的御塚和神祠散落其間，不妨試著挑戰一下「御山巡禮」。

[TEL]075-641-7331
[所在地]京都府京都市伏見区深草薮之内町68

日本三大稻荷神社之一
笠間稻荷神社
かさまいなりじんじゃ

以守護五穀富饒及農工商所有產業的宇迦之御魂神為御祭神，同時也是廣受眾人信仰掌管商業的稻荷神。不只能祈求生意興隆，還能保佑家內平安、消災除厄、交通安全。

[TEL]0296-73-0001
[所在地]茨城県笠間市笠間1

年間有 300 萬人次的參拜者
祐德稻荷神社
ゆうとくいなりじんじゃ

與肥前鹿島藩有淵源的神社，季節花卉綻放的廣大境內矗立著多棟色彩鮮艷的壯麗社殿。御祭神為倉稻魂大神、大宮賣大神和猿田彥大神，除了商業繁盛，祈求技藝精進、交通安全也很靈驗。

[TEL]0954-62-2151
[所在地]佐賀県鹿島市古枝乙1885

參拜方式為「二拜四拍手一拜」
宇佐神宮
うさじんぐう

經常在日本史中出現的宇佐神宮，為全國數萬座八幡宮的總本宮。近年來以祈求財富運靈驗而聞名，但結緣、勝運等其他祈願項目也都廣受好評。位於粟島神社附近的許願地藏，據說會幫忙實現一生一次的願望。

[TEL]0978-37-0001
[所在地]大分県宇佐市南宇佐2859

除祈求商業繁盛、五穀豐收十分靈收的稻荷神社外，本篇還介紹了庇佑財運、勝運等項目的知名神社。若要祈禱事業成功，一決勝負之際，不妨來參拜一下吧。

祭典是江戶人的生存價值
神田神社（神田明神）
かんだじんじゃ（かんだみょうじん）

以神田明神之名廣為人知的江戶總鎮守，從神田到日本橋、大手町、丸之內都屬於神社守護範圍內的氏子區域。每逢年初，設籍在此地區的諸多公司行號都會前來新年參拜。祭祀著大國神、惠比壽神和平將門，據說祈求生意興旺、勝運都很靈驗。
[TEL] 03-3254-0753
[所在地]東京都千代田区外神田2-16-2

源賴朝祈求源氏復興之地
三嶋大社
みしまたいしゃ

擁有千數百年歷史的伊豆國一之宮。為古代掌管伊豆諸島、富士山噴發的神祇受到景仰。流放伊豆的源賴朝於舉兵之際曾來此神社祈願，因此也備受武家崇敬而興盛一時。於著手進行某件事之前來參拜即可庇佑成功。
[TEL] 055-975-0172
[所在地]静岡県三島市大宮町2-1-5

錢包供養和開運物品都很有人氣
金持神社
かもちじんじゃ

曾經是比黃金還要高價的玉鋼產地，玉鋼的原料「砂鐵」甚至被讀成「金」字，亦即金持神社的名字由來。名字吉利又討喜，吸引許多夢想彩券中大獎的參拜者前來造訪。

[TEL] 0859-72-0481（札所）
[所在地]鳥取県日野郡日野町金持

「要祈求生意興隆，就把福竹帶回家吧」
今宮戎神社
いまみやえびすじんじゃ

以天照大神、事代主命、素戔嗚命、月讀命、稚日女命為祭神，為聖德太子建造四天王寺時所興建的鎮守社。在自古以來以商業之都聞名的大阪被暱稱為「惠比壽桑」，是廣受景仰的商業之神。每年1月的十日戎期間就有100萬人次來訪。
[TEL] 06-6643-0150
[所在地]大阪府大阪市浪速区恵美須西1-6-10

▶祈求**考試合格、學業成就**的人氣寺社

入學考試期間總是擠滿考生的賞梅名勝
北野天滿宮 ➡P.31
きたのてんまんぐう

祭祀以學問之神聞名的菅原道真，為全國1萬2000座天滿宮、天神社的總本社。據說撫摸境內銅牛的頭部就會變聰明，或是自己身體有哪個地方不適就摸銅牛的同一部位即可治癒傷病。

[TEL]075-461-0005
[所在地]京都府京都市上京区馬喰町

被尊為學問、至誠、除厄的神明
太宰府天滿宮 ➡P.30·107
だざいふてんまんぐう

神社就座落在菅原道真的墓地，與北野天滿宮並列為天滿宮的總本社。不只一般的入學考試，連醫師、律師、教師等國考的考生也會來參拜，購買學業成就御守和鉛筆的人也絡繹不絕。

[TEL]092-922-8225
[所在地]福岡県太宰府市宰府4-7-1

在東京若要參拜天神桑就來這
湯島天滿宮
ゆしまてんまんぐう

奉雄略天皇的敕令創建，供奉天之手力雄命的神社，於南北朝時代才將菅原道真列入合祭。每逢考季的1～2月正好是境內梅花的盛開期，總是吸引大批參拜者前來造訪，也別忘了撫摸手水舍旁的銅牛祈願一下。

[TEL]03-3836-0753
[所在地]東京都文京区湯島3-30-1

商店街上的「天滿的天神桑」
大阪天滿宮
おおさかてんまんぐう

祭祀學問之神菅原道真，此外境內還供奉了八幡神、八坂神、稻荷神等神祇，因此也能祈求商業繁盛、家內平安等各式各樣的願望。境內北側的星合池上有座橋，是祈求戀愛成功的能量景點。

[TEL]06-6353-0025
[所在地]大阪府大阪市北区天神橋2-1-8

備受考生崇敬的天滿宮在日本各地都有，每到考試旺季就香火鼎盛。
此外，寺院的文殊菩薩也以增長智慧而廣為人知。

日本第一間天滿宮
防府天滿宮
ほうふてんまんぐう

創建於菅原道真逝世的隔年，為日本歷史最早的
天滿宮。勝間之浦位於前往太宰府的途中，是道
真曾行經的場所，與北野、太宰府並列為三大天
神。考生還可至御守授與所購買合格頭巾。

[TEL]0835-23-7700
[所在地]山口縣防府市松崎町14-1

與切戶文殊、龜岡文殊並稱三文殊
安倍文殊院
あべもんじゅいん

由大化改新中擔任左大臣的安倍倉梯麻呂建立。御
本尊為以日文諺語「三人寄れば文殊の知恵」而聞
名的智慧佛文殊菩薩，出自快慶之手，高達7m，
為日本規模最大的國寶佛像。境內的白山堂據說能
庇佑締結良緣，葛葉稻荷神社則可祈求財運。

[TEL]0744-43-0002
[所在地]奈良縣桜井市阿部645

位於名勝天橋立的智慧佛
智恩寺
ちおんじ

御本尊為文殊菩薩。穿越山門後正前方即銅板
葺、寶船造樣式的文殊堂，還維持著雪舟筆下
《天橋立圖》中描繪的模樣。觀光船搭乘處附
近有座以前用於船隻航行安全的燈籠「智慧之
輪」，相傳穿過智慧之輪3次就能獲得智慧。

[TEL]0772-22-2553
[所在地]京都府宮津市文殊466

緣起於法然上人的草庵
金戒光明寺
こんかいこうみょうじ

淨土宗的開山祖法然上人從比叡山延曆寺（➡
P.167）下山後初建草庵，之後成為淨土宗的創始
寺院。御影堂供奉著由運慶製作的文殊菩薩，有
許多考生會前來祈求賜予智慧。亦為新選組的誕
生之地，同時也是著名的紅葉名勝。

[TEL]075-771-2204
[所在地]京都府京都市左京區黑谷町121

▶ 祈求**特殊願望**的人氣寺社

願如弁天一樣美麗
江島神社 中津宮
えのしまじんじゃ なかつのみや

以天女的羽衣為象徵圖騰,過往曾供奉弁天女神。深得想變美麗的女性虔誠信仰,中津宮特有的可愛美人御守也廣受歡迎。弁天亦為掌管技藝的神明,欲增進自己技藝的人也可以來參拜。

[TEL]0466-22-4020(江島神社)
[所在地]神奈川県藤沢市江の島2-3-8

不論彩券還是抽籤都能如願
皆中稻荷神社
かいちゅういなりじんじゃ

新宿百人町以前曾是伊賀鐵炮隊的駐紮之地。隊上某下級武士因夢到稻荷大神而前往參拜神社,結果從此百發百中。後來就被稱為皆中稻荷,據說只要在此祈願買彩券或抽籤都會中獎。

[TEL]03-3361-4398
[所在地]東京都新宿区百人町1-11-16

祈求飛航安全的罕見神社
飛行神社
ひこうじんじゃ

由明治時期發現飛行原理的二宮忠八所創建的神社,與萊特兄弟為同一個時代的人物。御祭神是日本神話中,乘天磐船從天而降的飛行之神饒速日命,能保佑空中交通的安全。神社內也合祭著空難的犧牲者。
[TEL]075-982-2329
[所在地]京都府八幡市八幡土井44

庇佑「牙齒」的稀奇神社
松原神社
まつばらじんじゃ

供奉著被譽為「島津家中興之祖」的島津貴久。平田純貞為了主君貴久而殉死,死前的三天三夜在海上棺木中不斷傳出唸經與咬牙切齒的聲音。後來發現遺體的牙齒完整保留,因此被視為牙齒之神祭祀於境內。
[TEL]099-222-0343
[所在地]鹿児島県鹿児島市松原町3-35

除了常見的祈求項目，也有以保佑成為美人、中彩券等聞名、富有個性的寺院。
由於靈驗項目較為具體，找尋與自己願望相符的寺院也很有趣。

祈求寵物的健康與幸福
市谷龜岡八幡宮
いちがやかめがおかはちまんぐう

能為既是家人也是好朋友的寵物祈福的少數神
社。動物也能一同隨行參拜，所以每逢新年或
七五三節時就會看到身穿正式服裝的貓狗現身
眼前。鈴鐺、印花方巾造型的寵物用御守也非
常討喜。

[TEL]03-3260-1868
[所在地]東京都新宿区市谷八幡町15

電器、電信產業的 IT 之神
法輪寺 電電宮
ほうりんじ でんでんぐう

原本是明星之神，之後一度轉為掌管天空的神
明，近年來又變成電波、電信、電器的守護神而
廣受信奉。境內置有歌頌先驅者愛迪生、赫茲的
浮雕，SD卡御守也大受好評。

[TEL]075-862-0013
[所在地]京都府京都市西京区嵐山虛空藏山町

解決與胸部有關的煩惱
間間觀音
ままかんのん

尾張三十三觀音第24號札所。手水舍、繪馬、御
守等隨處可見仿女性乳房的形狀，從母乳產量不
足等哺乳煩惱到美胸、治癒胸部疾病等相關事項
皆可祈求。

[TEL]0568-73-6173
[所在地]愛知県小牧市間々本町152

高額彩金得主接二連三出現
寶當神社
ほうとうじんじゃ

神社位於唐津一座名為高島的小島上。御祭神是
野崎隱岐守綱吉命，為戰國時期在小島抵抗匪徒
入侵的英雄。神社的名字相當吉利因此參拜者眾
多，當中也包括多位樂透彩的得主在內，目前年
間有高達20萬人次造訪。

[TEL]0955-74-3715
[所在地]佐賀県唐津市高島523

於一年之初前往祈福參拜的人潮絡繹不絕
新年參拜人數最多的 10 大寺社

元旦三天就有超過 300 萬人的參拜者
明治神宮 ➡P.22
めいじじんぐう

為祭祀明治天皇與皇后昭憲皇太后的神社，也是
著名的能量景點。每年新年參拜的人數都是日本
之最，於元旦三天期間，光走到御社殿前的參拜
位置就得排隊等上數小時。

[TEL]03-3379-5511
[所在地]東京都渋谷区
代々木神園町1-1

在不動明王面前滌淨身心消災解厄
成田山新勝寺
なりたさんしんしょうじ

於大年夜到元旦的一整晚或元旦第二天以後，從
早上6時到傍晚參加護摩祈願，即可消除一整年的
厄運以及心想事成。新年參拜開運御守、破魔矢
等正月期間限定的護身符也很有人氣。

[TEL]0476-22-2111
[所在地]千葉県成田市
成田1

攤販林立的參道也代表新春的好兆頭
川崎大師（平間寺）
かわさきだいし（へいけんじ）

以弘法大師為御本尊的真言宗寺院。別稱為厄除大
師，每逢新春從全國各地都有很多參拜者來訪。
元旦除了敲除夜鐘外，還會舉行元朝大護摩供的儀
式，以祈求國泰民安和信眾們的諸願成就。

[TEL]044-266-3420
[所在地]神奈川県川崎市
川崎区大師町4-48

穿越綿延的鳥居後拜謁稻荷神
伏見稻荷大社 ➡P.52·100
ふしみいなりたいしゃ

祈求五穀豐收、商業繁盛、家內平安、締結良緣、
消災解厄等眾多項目，是新年期間最值得一訪的神
社。於元旦早上6時會舉行歲旦祭，平常只營業到
傍晚的授與所在元旦三天調整為24小時開放。

[TEL]075-641-7331
[所在地]京都府京都市
伏見区深草薮之内町68

如源賴朝般祈求庇佑必勝、解厄、長壽
鶴岡八幡宮
つるがおかはちまんぐう

開創鎌倉幕府的源賴朝為祈求源氏再興，從石清
水八幡宮分靈至此地所建造的神社。在決定勝負
的新年之初，尤其要來造訪八幡神祈求必勝。1月
1日～7日期間還會舉行開運厄除的御判行事。

[TEL]0467-22-0315
[所在地]神奈川県鎌倉市
雪ノ下2-1-31

說到正月最重要的當然就是新年參拜！各地寺社都會湧入大量人潮，其中參拜人數最多的前幾名如下所列。雖然得長時間排隊等候，但能現場感受新年的熱鬧氣氛。

正月的吉祥裝飾讓仲見世通更顯華麗

淺草寺 →P.72

せんそうじ

平常就人擠人的仲見世通在新春期間更是人潮滿滿。敲響弁天山除夜鐘的同時會舉行新年祈禱，參拜的人龍一路往本堂方向綿延。到正月7日以前都買得到開運除厄的御札和愛染寶弓。

[TEL]03-3842-0181
[所在地]東京都台東區
淺草2-3-1

大阪人紛湧而至祈求一年平安的「住吉桑」

住吉大社

すみよしたいしゃ

被居民們暱稱為「住吉桑」的大阪代表寺社之一。從元旦0時整開始敲打太鼓，前來祈願新的一年幸福圓滿的人潮將境內擠得水洩不通。

[TEL]06-6672-0753
[所在地]大阪府大阪市
住吉区住吉2-9-89

地處名古屋市區的廣大神社

熱田神宮

あつたじんぐう

祭祀三神器之一的草薙神劍，自古以來就是僅次於伊勢神宮備受崇敬、歷史久遠的神社。尤其正月期間會有大批來自全國各地的參拜者，整個境內都熱鬧不已。

[TEL]052-671-4151
[所在地]愛知県名古屋市
熱田区神宮1-1-1

擁有2400年歷史的冰川神社總本社

冰川神社

ひかわじんじゃ

為埼玉、東京地區將近270間冰川神社的總本社，以武藏國一之宮的地位受人景仰。約2km長的參道兩旁櫸木林立，元旦三天期間的參拜者就多達210萬人次。

[TEL]048-641-0137
[所在地]埼玉県さいたま
市大宮区高鼻町1-407

於一年之初向天神誓以至誠、驅除厄運

太宰府天滿宮 →P.30·102

だざいふてんまんぐう

為眾所皆知的學問之神，由於正月後考季將至，因此也有許多人會前來祈求考試合格。1月7日會舉辦以誠心除凶迎吉的「鷽替神事」，以及除災招福祈願的火祭「鬼術神事」。

[TEL]092-922-8225
[所在地]福岡県太宰府市
宰府4-7-1

新年參拜人數最多的10大寺社

水邊的神社
P.110

山頂的神社
P.132

斷崖絕壁上的寺院
P.152

依主題
日本
神社與寺院之旅

立石寺(山寺)
➡ P.152

擁有美麗五重塔的寺院

P.168

庭園景觀優美的寺院

P.184

隱身於神山富士山下的湖泊
佇立著紅色的和平鳥居

箱根神社

●はこねじんじゃ

开
神奈川縣
箱根町

水邊的神社

箱根神社

元箱根港附近為蘆之湖的最佳取
景點，能將富士山與箱根神社的
和平鳥居一次入鏡

1 和平鳥居是為了紀念當時在位之明天皇的立太子禮儀式以及簽訂舊金山和約而建，上方掛有「和平」字樣的圖 **2** 社殿為拜殿、幣殿、御本殿等三一體的權現造樣式，並塗上鮮豔的朱 **3** 本殿旁是祭祀九頭龍大神的九頭龍社新宮，為蘆之湖的守護神。社殿前靈水湧出，被稱為龍神水 **4** 參道石的兩側老杉巨木參天並立

武家時代被尊為勝負之神崇拜
江戶時代則守護著東海道上的旅人

　　箱根山自古就是關東首屈一指的山岳信仰地。相傳奈良時代初期的757（天平寶字元）年，萬卷上人得到箱根大神的神諭而在此地創建神社。江戶時代修築東海道後神社成為旅人祈求一路平安的祈願所，廣受百姓的虔誠信仰。從蘆之湖畔沿著表參道前進，踩著老杉林立的石階走到頂，即可見塗上朱漆的社殿。本殿後方有片日本紫莖純林，參道上則有杜鵑花、繡球花妝點四季的繽紛。沿著石階而下，和平鳥居就矗立在岸邊，彷彿鎮守著湖泊。逆富士與紅色鳥居，也是蘆之湖不可錯過的絕美景色。

Keyword

▶萬卷上人 也通曉修驗道的奈良時代僧侶。曾於神山、駒之岳修行，因受到箱根大神的神啟而創建了箱根神社。
▶箱根大神 為箱根神社的御祭神瓊瓊杵尊、木花咲耶姬命、彥火火出見尊等三位神明的總稱。

御祭神 瓊瓊杵尊、木花咲耶姬命、彥火火出見尊
靈驗項目 開運除厄、心想事成、交通安全等

參拜重點 \Check!!/

與歷史上的偉人息息相關的巨杉
有源賴朝之妻北條政子曾來許願「求子、順產」的安產杉，以及坂上田村麻呂於遠征東北途中獻納弓箭祈求戰功的「所願成就」矢立杉。

參拜建議

箱根大神是最具代表性的誓言之神。本社有販售「許願串與誓詞」，可在許願串寫上心願，再將自己為了達成願望決定要做到的事項寫成誓詞後捲起來，一同交給誓願所收藏。或是在「誓願符」填上願望，放進成就水盤中，注入龍神水後，溶紙就會流至九龍頭大神之處。

箱根神社
權禰宜　土屋 慶之先生

[TEL]0460-83-7123　[所在地]神奈川縣足柄下郡箱根町元箱根80-1　[交通]箱根登山鐵道・箱根湯本站搭往元箱根方向的箱根登山巴士／伊豆箱根巴士35分，元箱根下車步行10分　[時間]境內自由參觀，寶物殿9：00～16：00　[休]無休　[費用]免費，寶物殿500日圓
[URL]hakonejinja.or.jp

⏣ 湖尻

九頭龍神社
本宮 ⛩

白龍神社 ⛩

佇立在幽靜的森林湖畔
九頭龍神社本宮
くずりゅうじんじゃほんぐう

從箱根大神獲得靈力的萬卷上人將棲息於蘆之湖的毒龍降伏後，建造神社並供奉為九頭龍大神。為箱根神社的末社，能庇佑開運、財運和姻緣。

📞0460-83-7123(箱根神社)　📍神奈川縣足柄下郡箱根町元箱根 箱根九頭龍的森內
🚌元箱根搭往箱根園方向的伊豆箱根巴士12分，終點站下車步行30分

⏣沿著湖岸的遊步道從箱根走到九頭龍森林，還能眺望富士山的美景。至九頭龍神社本宮徒步約需30分鐘

駒之岳 ▲
駒之岳山頂 ⏣　⛩ 箱根元宮

箱根駒之岳空中纜車

Column‼
座落在駒之岳山頂的箱根元宮
駒之岳是仰望北方靈峰神山的古代山岳信仰聖地。山頂置有箱根神社的奧宮。目前的社殿為1964(昭和39)年的重建之物。社殿前有塊繫著注連繩的馬降石，相傳是神明騎著白馬的降臨之地，上面還留有馬蹄痕跡的凹洞。

箱根蘆之湖
皇家王子大飯店

⛩ 箱根園
🐟 箱根園 ●
箱根園水族館 ●

連結箱根園與駒之岳山頂間。不只是富士山，連駿河灣、房總半島也都在遼闊的眺望視野內

蘆之湖

有小動物互動區、水族館、購物商場、餐廳等豐富多樣的休閒設施

🏠 龍宮殿

75

● 箱根園高爾夫球場

強羅／宮之下 ↗

重現關所原本的樣貌
箱根關所
はこねせきしょ

展示江戶時代四大關所之一的箱根關所，衙役的值勤辦公室、監視蘆之湖的瞭望站等多棟建物並排而立。還設有能吃到關所糰子的茶屋和資料館。

📞0460-83-6635　📍神奈川縣足柄下郡箱根町箱根1
🚌箱根登山鐵道·箱根湯本站搭往箱根町方向的箱根登山巴士／伊豆箱根巴士40分，箱根關所跡下車即到

箱根神社 ⛩

小田急 山のホテル 🏨

和平鳥居 ●

箱根海盜船和蘆之遊覽船的搭乘處並不相同。相隔5分鐘的徒步距離，請留意別走錯地方

箱根蘆之湖遊覽船
(元箱根港) ⚓
⛩ 元箱根

箱根海盜船
(元箱根港) ⚓
成川美術館

東海道

公園就位於原本皇室避暑別墅的箱根離宮遺址。一年四季都有花景可賞，也是拍攝櫻花、富士山、蘆之湖的取景地點

恩賜箱根公園

杉林古道

1

與國道1號平行、約500m長的舊東海道。四周有樹齡近400年的巨杉林立，瀰漫著江戶時代的氛圍

N
0　　　　300m

箱根關所資料館 ●
● 箱根關所

箱根蘆之湖遊覽船
(箱根關所遺跡港) ⚓
箱根ホテル ●
⛩ 箱根關所跡

箱根海盜船
(箱根町港) ⚓

箱根やすらぎの森

● 森のふれあい館

箱根海盜船與蘆之湖遊覽船的搭乘處稍微有些距離。周邊即箱根驛傳的去程終點，設有紀念碑和博物館

箱根新道

1

↓三島

範例行程

上午
造訪箱根神社與周邊其他神社
參拜箱根神社的本殿、近距離眺望湖畔的和平鳥居後，沿著遊步道欣賞湖畔的風景，還可至九頭龍神社本宮祈求開運招福、締結良緣。

下午
從山上、湖上飽覽湖之湖的景致
用過午餐後，從箱根園搭箱根駒之岳空中纜車到駒之岳山頂的箱根元宮參拜。接著搭乘遊覽船橫渡蘆之湖，遊逛箱根關所等歷史景點。

⏣畑宿・湯本

🏨 **住宿資訊** 箱根為關東屈指可數的溫泉鄉，住宿的選擇相當多。箱根神社的周邊，有好幾家能眺望美麗蘆之湖景致的溫泉旅館。

自古傳承至今，斷崖上的聖地
守護南方海域的沖繩總鎮守

波上宮
なみのうえぐう

沖繩縣
那霸市

座落於突出於沙灘的琉球石灰岩
上，猶如燈塔般指引著航行於東
海的船隻

水邊的神社

波上宮

1 紅瓦屋頂與大海極為相襯,最後方的高聳建物即本殿

2 在1945第二次世界大戰的沖繩島戰役中建物幾乎燒毀殆盡,1994年才重建完成

3 從一之鳥居沿著石階走上斷崖,首先印入眼簾的就是拜殿

4 拜殿前方有一對驅魔避邪的石獅鎮守神社,石獅嘴巴為阿吽的造型

傳至琉球王國之地的熊野信仰
南國風情的建築也很引人目光

那霸市若狹海岸有座突出於海面的斷崖,上方矗立著當地人稱為「波之上」的神社。創建年代不詳,但相傳這片古代聖地當時從日本本土勸請了熊野權現的分靈,之後又受到沖繩特有信仰的影響。位居琉球王國時代備受重視的琉球八社最上位,以沖繩總鎮守之姿獲得眾人崇敬仰信。往大海方向延伸的參道底端,佇立著以迴廊相連的拜殿、幣殿和本殿。拜殿上方的紅瓦白灰泥屋頂、取代狛犬守護著社殿的石獅身影,都是沖繩特有的風景。從斷崖上的境內可一望東海。

Keyword

▶熊野權現 為熊野本宮大社、熊野速玉大社、熊野那智大社等熊野三社的御祭神,在神佛合一思想中被稱為權現。

▶琉球王國 1429~1879年統治著沖繩地區。因貿易往來受到中國及南方的影響,孕育出獨自的琉球文化。

御祭神 伊弉冉尊、速玉男尊、事解男尊
靈驗項目 鎮護國家、航海安全等

參拜重點 \Check!!/

境內後方的聖域「波上毛(祭拜所)」

位於本殿後方斷崖最突出之處的聖域,是沖繩獨特御嶽信仰的祭拜所。雖然觀光客無法靠近,但不妨從海側稍微眺望一下。

參拜建議

推薦清晨時段前來參拜。晴朗好天氣時從映襯著藍天的紅瓦屋頂、石獅守護著神佇立的本殿,即可充分感受沖繩的氛圍。還能買到波上宮原創的紅型御朱印帳。在境內拍照的同時,也希望大家能對大自然諸神祇懷抱著感恩之情靜心參拜。

波上宮
祭儀課 權禰宜
井澤 真人先生

[TEL] 098-868-3697
[所在地] 沖繩縣那霸市若狹1-25-11
[交通] 單軌電車·旭橋站步行18分
[時間] 境內自由參觀
[休] 無休
[費用] 免費

範例行程

上午

參觀沖繩的守護神以及世界遺產首里城
租車自駕前往斷崖上的沖繩總鎮守波上宮參拜，一覽東海的風光。接著造訪首里城公園，欣賞琉球王國獨特的城郭建築。午餐就享用沖繩料理，休息片刻。

下午

漫步於琉球的神聖森林，沿著海岸線開車兜風
前往知念半島的祈禱聖地──齋場御嶽，巡訪幽靜森林中的6個祭拜所。開車遊覽灣岸、奧武島等地後返回那霸市，逛逛國際通，採買沖繩伴手禮。

營業至深夜的熱鬧觀光大街

國際通
こくさいどおり

特產店、沖繩料理店、咖啡廳等店家比鄰而立，長約1.6km，為沖繩最繁華熱鬧的街道。多數商店都營業到很晚，巷道內也有許多店鋪可逛。

🚇 單軌電車・縣廳前站／牧志站下車即到

復原的琉球王國居城

首里城公園
しゅりじょうこうえん

沖繩島戰役中焚毀的首里城已於山丘上復原重建。以國王處理政務和進行典禮儀式的正殿為中心重現琉球王國時代的風華，2000（平成12）年登錄為世界遺產。目前公園內仍有修理工程在進行中。

📞 098-886-2020（首里城公園管理中心）
🏠 沖繩縣那霸市首里金城町1-2
🚇 單軌電車・首里站步行15分

設有單軌電車的車站，以及大型購物中心、電影院、辦公大樓、餐廳林立的那霸新都心

Omoromachi

古島站
市立醫院前站
儀保站
首里站
首里城公園
那霸IC

美榮橋站
牧志站
安里站

縣廳前站
旭橋站
國際通
壺川站

那霸機場站

霸機場

單軌電車

赤嶺站

小祿站
奧武山公園站

波上宮

波之上海灘

第一牧志公設市場

識名園

南風原北JCT

西原IC

沖繩自動車道

名護

329

中城灣

2km

原本是琉球王室度假療養和迎賓的別墅，園內的迴遊式庭園。為世界遺產

兩座橋建於行經南城市知念的國道331號靠山側，是能眺望太平洋的最佳兜風路線

久高島➡

齋場御嶽

齋場御嶽入口

Nirai橋、Kanai橋

當地魚、貝類、水果、加工品等琳瑯滿目，是在地人的廚房。2樓還有代客烹調的服務

長島

海濱公園

〈坪廣場、海灘、電影《眼光閃閃》〉的取景地川之丘，還有烤肉區

漂浮於那霸機場南邊的小島。與本島有海橋樑相連，能眺望飛機起降和夕陽景色。於2015年8月大型商業設施瀨長島Umikaji Terrace開幕

村內古民家建築聚集，還有製作琉球玻璃等體驗活動。另有鐘乳洞、熱帶水果園等豐富設施

沖繩世界文化王國

有橋可通本島、周長約1.7km的悠閒漁村，以鮮魚為材料的沖繩風天麩羅是招牌名產

奧武島

331

可參加導覽解說行程

齋場御嶽
せーふぁうたき

琉球王國的最高聖地。御嶽內有6個名為Ibi的神域，全部皆可參觀。對沖繩人來說是十分重要的場所，請務必遵守基本禮儀並保持安靜。

📞 098-949-1899（綠之館・Sefa）
🏠 沖繩縣南城市知念久手堅539
🚇 那霸市內搭東陽巴士・志喜屋線1小時，齋場御嶽入口下車步行10分

Column

沖繩獨特的信仰・Nirai Kanai和御嶽

沖繩自古就相信在遙遠的大海彼岸有個眾神居住的理想世界（Nirai Kanai），也是人類靈魂誕生、死後回歸的場所。Nirai Kanai的眾神與祖先降臨的聖地，就是沖繩各村落的御嶽。御嶽內沒有偶像、社殿，只有由大自然空間構成的祭拜所。人們會前來向守護地域的祖神和諸神祈願，也會舉行祭祀儀式。

开
宮崎縣
宮崎市

佇立於不可思議的小島上
日本神話愛情故事的舞台

青島神社
●あおしまじんじゃ

整座島都屬於神社的領域，社殿
就座落在海邊。亞熱帶林環繞的
小島中央設有神社的奧宮

1 從海濱沙灘穿越神門後就是本殿境內觸目可及的亞熱帶植物充分展出南國宮崎特有的氛圍

2 以本島為起點的參道一路向前走度過彌生橋後穿越海邊的鳥居

3 社殿曾歷經多次改建，目前的建築重建於1974（昭和49）年

4 社殿附近的日向神話館內，以蠟像重現了海幸山幸的傳說故事

以前是禁止一般人進入的神聖小島 如今是祈求戀愛成功的人氣能量景點

浮於日南海岸、周長1.5km的青島，四周環繞著名為鬼之洗衣板的奇岩怪石，為亞熱帶自然林蒼翠繁茂的風景名勝。海邊的朱漆神社據說是神話「海幸山幸傳說」的背景舞台，其傳說也是民間故事《浦島太郎》的原型。山幸彥（彥火火出見命）在海底的神殿（龍宮城）邂逅了豐玉姬命並結為夫妻，三年後返回陸地的山幸彥在舊居的皇宮遺址上興建了青島神社。創建年代不詳，但平安時代曾留有供奉祭神的記錄。欣羨神話愛情故事前來參拜祈求良緣的人，又以年輕女性佔最多數。

Keyword

▶彥火火出見命 神武天皇的祖父。由於弄丟向兄長海幸彥借來的魚鉤，後來在潛入海底尋找時遇見了豐玉姬命。

▶鹽筒大神 御ասண神之一，掌管海洋潮流的航海之神。一路指引山幸彥前往海底神殿，和愛神邱比特是一樣的角色。

御祭神 彥火火出見命、豐玉姬命、鹽筒大神

靈驗項目 締結良緣、安產祈願、航海安全、交通安全等

參拜重點 \Check!!/

能體驗各式各樣的祈願祭神儀式

備有多種許願、試運氣的儀式，例如將許願符放入水中再取神水淋在符紙上的海積祓，或是依心願將不同顏色的紙繩綁在夫婦蒲葵樹上等。

參拜建議

沿著本殿後方的御成道往前走即奧宮，旁邊有棵夫婦蒲葵樹。還可至投甕所扔擲小盤子，占卜判定吉凶。

青島神社 宮司
長友安隆先生

[TEL]0985-65-1262　[所在地]宮崎県宮崎市青島2-13-1
[交通]JR青島站步行15分
[時間]5:30(11～2月至6:00)～日落，日向神話館8:00～17:30(夏季至18:00)　[休]無休
[[費用]境內免費，日向神話館600日圓
[URL]www.aoshimajinja.sakura.ne.jp

範例行程

上午
先造訪兩個傳說中的神話之地，再前往灣岸兜風
參拜宮崎市內與神武天皇有淵源的宮崎神宮後，
開車走日南鳳凰大道享受兜風樂趣。於青島神社
許願、試運氣，接著往堀切峠的方向前進。

下午
享受南國特有的海景
飽覽日向灘的風光後，到公路休息站フェニックス
享用午餐。觀賞日南太陽花園的摩艾石像，參拜
神話舞台的洞窟神社——鵜戶神宮。

每個月一日販售的參拜餅十分有名

宮崎神宮
みやざきじんぐう

佇立於盎然綠意的森林間、地位崇高的神社。
供奉著神武天皇，神明流造樣式的社殿散發出
靜謐莊嚴的氣氛。不少運動員前來祈求必勝。
☎0985-27-4004 住宮崎県宮崎市神宮2-4-1
交JR宮崎神宮駅から徒歩10分

粗曠豪邁的「鬼之洗衣板」

堀切峠
ほりきりとうげ

內陸有鳳凰木林蔭道，沿岸則是連綿不斷的波
狀岩，還有能一望太平洋的絕景景點日向灘。
可沿著海岸步道悠閒漫步其間。
☎0985-20-8658(宮崎市觀光協會)
住宮崎県宮崎市內海 交青島搭往日南方向的宮
交巴士7分，堀切峠下車即到

可順道造訪的傳說之地

鵜戶神宮
うどじんぐう

本殿位於鵜戶崎斷崖山腰上的
洞窟內，相傳是豐玉姬命為山
幸彥（彥火出見命）產下子
嗣的場所。將石頭朝靈石龜石
的方向扔擲，若能掉入洞內據
說願望就能成真。
☎0987-29-1001 住宮崎県
日南市宮浦3232 交青島搭往日
南方向的宮交巴士40分，鵜戶神
宮下車步行10分

Column!!
眾多神話的誕生地——宮崎

《古事記》、《日本書紀》中有許多故事的
舞台都在宮崎縣。高千穗是神明降臨人間統
治世界的天孫降臨之地，天岩戶神社則是祭
祀天照大御神的隱身地天岩戶。首位掌權的
神武天皇為統一日本而展開東征的出發地，
據說就是現在的宮崎縣。繞行散布在宮崎各
地的神話巡禮之旅，迴響也相當熱烈。

水邊的神社
青島神社

☝ 住宿資訊　宮崎站周邊大型飯店林立。青島神社的附近，有幾間可享受青島溫泉的海景度假飯店

121

茨城縣
大洗町

再次迎接建國之神
連結永世的「神磯鳥居」
大洗磯前神社
●おおあらいいそさきじんじゃ

能將鹿島灘海域盡收眼底的神社
由黃門大人重建的社殿也是焦點

茨城縣的大洗海水浴場夏天就會吸引許多戲水遊客，社殿就矗立於可俯瞰海景的南岸小山丘上。據史籍記載，平安初期建國之神大己貴命和少彥名命為拯救眾生而降臨，後來在此地創建了神社。於戰國時期的戰亂中燒毀，1690年水戶藩主德川光圀著手動工，後由繼位的德川綱條完成重建。如今還完整保留江戶時代的本殿、拜殿和隨身門。社殿前的岩岸相傳為神明的降臨之地，立有「神磯鳥居」。鳥居激起陣陣的白色浪花，從水平線升起的旭日將海面渲染成一片金黃，營造出一股神聖的美感。

御祭神 大己貴命、少彥名命
靈驗項目 福德圓滿、家內平安、商業繁盛等

Keyword

▶ **大己貴命與少彥名命** 大己貴命為大國主命的別名，亦稱為大黑天，與少彥名命一起進行建國。

▶ **神磯鳥居** 鳥居座落於御祭神降臨的岩岸，每年1月1日神職人員們會走至岩岸奉拜元旦曙光。

參拜重點 \Check!!/

依不同時段和天候，樣貌也各異其趣
迷人的日出和月夜、風和日麗的白日，神磯鳥居的風景也會隨之變化。岩岸幾乎被淹沒、浪花四濺的滿潮時刻，畫面十分壯觀。

[TEL]029-267-2637 [所在地]茨城県東茨城郡大洗町磯浜町6890 [交通]鹿島臨海鐵道・大洗站搭茨城交通巴士・大洗海遊號10分，大洗磯前神社下下車即到
[時間]5:30～18:00 10～3月6:00～17:00
[休]無休 [費用]免費
[URL]oarai-isosakijinja.or.jp

重要祭典 11月11日 **有賀祭** 為迎接從有賀神社前來的神靈所舉行的祭典。聽說能緩和小孩鬧脾氣、半夜啼哭等症狀，因此許多家長會帶著幼兒來訪。

1 彷彿漂浮在海岸前方的神磯鳥居，每當旭日從水平面上升起，原本只見輪廓的鳥居也隨之染上了一層橘色
2 沿著海岸旁的石階走到頂即隨身門，柱上的龍圖騰雕刻十分吸睛
3 呈現江戶初期建築樣式的拜殿，能欣賞到色彩繽紛的雕刻

順道一遊
海洋世界茨城縣大洗水族館
アクアワールド・いばらきけんおおあらいすいぞくかん

茨城縣最大的水族館。鯊魚種類、數量為日本第一，還有海豚表演秀、水族館探險行程等豐富多樣的活動。

📞029-267-5151　🏠茨城縣東茨城郡大洗町磯浜町8252-3　🚉鹿島臨海鐵道・大洗站搭茨城交通巴士・大洗海遊號15分，アクアワールド・大洗下車即到

範例行程

上午

先去神社祈求開運招福，再盡情大啖海鮮料理

參拜大洗磯前神社、眺望佇立於岩岸的鳥居風景後，前往海洋世界茨城縣大洗水族館參觀。接著到港口附近的大洗海鮮市場吃海鮮飽餐一頓。

下午

享受購物或溫泉泡湯樂

登上大洗海洋塔，欣賞太平洋、日光連山的360度全景風光。還可前往大洗RESORT OUTLETS或ゆっくら健康館度過悠閒時光。

🚩 **住宿資訊** 茨城港周邊的大洗溫泉、大洗磯前神社附近的海邊有許多住宿設施。價格的範圍很廣，也有能大啖海鮮料理的料理旅館。

海浪拍打著日本海的斷崖
宛如巨龍蟠踞的朱紅鳥居

元乃隅稻成神社
●もとのすみいなりじんじゃ

开
山口縣
長門市

敬奉稻荷神的神社祈求項目多元
可連同周邊的風景名勝一起造訪

　　山口縣長門市的海岸有個名為「龍宮噴泉」的景點，海水會從斷崖下方瞬間強力噴出。彷彿由斷崖一路攀緣至岩山一般，總共有123座鳥居蜿蜒於山丘上。穿越長100m以上的鳥居隧道，眼前就是規模小巧的元乃隅稻成神社。創建於1955（昭和30）年，供奉著從島根縣津和野町的太鼓谷稻成神社分靈而來的祭神。太鼓谷稻成的祭神，則是分靈自以千本鳥居著稱的京都伏見稻荷大社（➡P.52）。山口的百本鳥居擁有蔚藍大海與綠意植物的對比之美，明朗開闊的景觀吸引大批遊客來訪。

御祭神 宇迦之御魂神
靈驗項目 商業繁盛、漁獲豐收、海上安全、締結良緣等

Keyword

▶龍宮噴泉 海水流入被海浪侵蝕而成的岩穴，浪高時甚至噴出高達30m的水柱浪花。

▶太鼓谷稻成神社 日本五大稻荷神社之一，擁有1000座鳥居。選用「稻成」而非稻荷來命名的就只有太鼓谷稻成神社與元乃隅稻成神社這兩間。

參拜重點 \Check!!/

賽錢箱在大鳥居的上方！
靠近車道的裏參道入口有座5m高的鳥居，上方置有一個小賽錢箱。據說若能順利投進，願望就能成真。

[TEL]0837-22-8404（長門市觀光會議協會）
[所在地]山口縣長門市油谷津黃498
[交通]JR長門古市站搭計程車20分
[時間][休][費用]境內自由參觀

1 從斷崖頂端附近，沿著高低起伏的海岸一路蜿蜒的123座紅色鳥居。與伏見稻荷大社的千本鳥居完全迥異的風情，也吸引不少外國遊客慕名而來 **2** 從靠海處一鼓作氣往上延伸的鳥居隧道 **3** 已列為國家天然紀念物的龍宮噴泉，只有在大浪湧起時才能看見

順道一遊

東後畑棚田 ひがしうしろはたたなだ

梯田蔓延在長門市油谷的海岸邊。每年5月中～6月上旬梯田蓄滿水的日落時分，閃爍的點點漁火映襯著淡藍色天色的畫面如夢似幻。

📞0837-22-8404（長門市觀光會議協會）🏠山口縣長門市油谷東後畑 🚉JR長門古市站搭計程車20分

範例行程

上午 巡訪神社周邊的日本海風景名勝地
參拜元乃隅稻成神社後，穿越123座鳥居前往龍宮噴泉所在的斷崖。接著可至東後畑梯田、千疊敷參觀，眺望壯闊的日本海風光。

下午 搭乘觀光船從海上感受日本海的魅力
前往仙崎站享用名產仙崎烏賊當午餐，再搭觀光遊覽船欣賞有「海上阿爾卑斯山」之稱的青海島景色。若時間還有餘裕，也可到萩市逛逛。

日本海

元乃隅稻成神社

龍宮噴泉
千疊敷
東後畑梯田

青海島
青海島海濱廣場
極樂寺
金子美鈴紀念館
仙崎站
深川灣
黃波戶站
萩站
湯免溫泉
下關站
山陰本線
長門市站
長門市
長門市本站
人丸站
油谷灣溫泉
板持站
美禰線
美禰站
大寧寺
俵山溫泉

0　　3km

N

🏨**住宿資訊**　海邊的油谷灣溫泉只有一家飯店，內陸則有傳統溫泉療養地的長門湯本溫泉、俵山溫泉和湯免溫泉等住宿選擇。

近江自傲的琵琶湖風景
佇立著傳說的湖中鳥居

白鬚神社
●しらひげじんじゃ

开
滋賀縣
高島市

全國白鬚神社的總本宮
也供奉著西近江七福神的壽老神

琵琶湖自古以來受到歌人、俳人詠讚的景勝地，神社就建在湖泊西側中央、比良山脈迫近的岸邊。擁有2000餘年的歷史為近江最古老的神社，現存的本殿是1603（慶長8）年由豐臣秀賴所重建。社殿前方湖面上的大鳥居建於1937（昭和12）年，以「隨著波浪起伏忽隱忽現的朱漆鳥居」傳說為藍圖打造而成，後來因為湖水位下降又改遷至離岸15m遠的場所。以沖島為背景的景致十分優美，日出日落時分更是別有一番風情。與嚴島神社（➡P.34）的海上鳥居相似，因此又被稱為「近江的嚴島」。

御祭神 猿田彥命
靈驗項目 延年益壽、福德開運、締結良緣等

Keyword

▶**豐臣秀賴** 豐臣秀吉的繼任者，秀吉過世後，6歲即就任家督。遵照秀吉的遺命，與母親淀君共同重建了白鬚神社。

▶**朱紅大鳥居** 傳說「當鳥居突然現身湖面即天地變異的前兆」，也有一說認為鳥居是作為搭船參拜時的地標之用。

參拜重點 \Check!!/

湖上鳥居於週末夜間會點燈裝飾
大鳥居每逢週末、年底、年初連續三天都會在太陽下山後點燈2小時，漂浮在湖面上的模樣充滿一股神祕氛圍。

[TEL]0740-36-1555　　[所在地]滋賀縣高島市鵜川215
[交通]JR近江高島站搭計程車5分
[時間][休][費用]境內自由參觀
[URL]shirahigejinja.com

水邊的神社

白鬚神社

1 完全融入琵琶湖國定公園西岸風光明媚景色中的大鳥居，佇立於離環湖國道約58m遠的湖上，距水面有12m高 **2** 神社周邊能欣賞緊鄰琵琶湖的山巒、湖畔的青松以及美麗的湖泊景觀 **3** 拜殿後方的本殿為國家重要文化財，擁有桃山建築樣式的特徵

順道一遊
鵜川四十八體石佛群 うかわしじゅうはったいせきぶつぐん

高1.6m的阿彌陀如來石像群，相傳源於室町時代。目前鵜川只留有33尊石佛，每一尊的表情和姿態皆各異其趣。

☎0740-33-7101　住滋賀縣高島市鵜川
交JR近江高島站搭計程車4分

範例行程

上午　一窺湖西的歷史與文化
參拜白鬚神社的拜殿，飽覽湖中鳥居的風景。接著到附近的鵜川四十八體石佛群，欣賞表情豐富的阿彌陀如來像。往近江高島站移動。

下午　漫步舊城下町，搭乘琵琶湖遊船
用過午餐後，前往還保留古老街景的大溝城下町散步間逛。可到高島村體驗製作蠟燭等活動，再從近江今津坐遊船到竹生島觀光。

住宿資訊　高島市內可選擇寶船溫泉的旅館，但神社周邊較少。雄琴溫泉地處琵琶湖南岸的大津市，旅館數量很多。

127

將大自然視為神聖並尊重敬仰的日本傳統信仰保留至今

沒有本殿的神社

如今依然將靈山聖地當成御神體

▌大神神社
おおみわじんじゃ

以奈良盆地的東端、美麗圓錐形的三輪山為御神體。根據《古事記》記載因建國之事煩惱不已的大國主命，為達成心願所以在三輪山祭祀大物主大神。御神體鎮座的整座山域即參拜的對象，並無設置本殿，參拜者可於山麓的拜殿進行祈禱。佇立於拜殿後面的三輪鳥居前方，就是一草一木皆有神靈棲宿的神域。三輪山的登拜則必須事先至攝社狹井神社申請。

第四代將軍德川家綱於1664（寬文4）年重建的莊嚴拜殿

御祭神 大物主大神、大己貴神、少彥名神
靈驗項目 產業開發、解除方位災厄、製藥、造酒等

[TEL] 0744-42-6633
[所在地] 奈良県桜井市三輪1422
[交通] JR三輪站步行10分
[時間] [休] [費用] 境内自由參觀
[URL] oomiwa.or.jp

三輪山的登拜口。請事前上官網查詢有關登拜的規則

可俯瞰奈良盆地、造型優美的三輪山。鎮守此地的大物主大神為建國之神以及掌管所有生活的守護神，備受尊崇

山巒、岩石、瀑布等具特色的自然地形和現象皆被認為有神靈棲宿（＝御神體），因此保有類似古代神社的祭祀型態。據說遠古時代並無設置社殿，但現在也有許多神社蓋起拜殿供信眾參拜御神體。

將能遠眺熊野灘的峭壁巨岩當成御祭神供奉。屬於熊野古道沿途中的靈場，已登錄為世界遺產

位於熊野古道、孕育國土的女神之墓地

花之窟神社
はなのいわやじんじゃ

相傳為了建國而生出許多神的伊弉冊尊，在產下火神軻遇突智尊時被火燒死，而埋葬於此。聳立於熊野市七里御濱海岸、高約45m的巨岩，即祭神的御神體。岩石的正下方，設有鋪上碎石並以御垣圍繞的齋場。無本殿和拜殿的巨岩神社瀰漫著古代靈場的氛圍，御神體的旁邊還有祭祀軻遇突智尊的王子之窟。

以季節花卉祭祀神明因此名為花之窟神社

御祭神 伊弉冊尊、軻遇突智尊

靈驗項目 產業繁榮、安產、結緣、家內平安、消除火災等

[TEL]0597-89-4111（熊野市觀光運動交流課）
[所在地]三重県熊野市有馬町上地130
[交通]JR熊野市站步行15分
[時間][休][費用]境內自由參觀
[URL]kumanoshi-kankoukyoukai.info/tour/narrow/spot/spot.html

2、10月的例大祭中會舉行綁繩索的祭典，其繩索長度為全日本之最

沒有本殿的神社

棲宿在日本屈指名瀑的建國之神

飛瀧神社（那智瀑布）
ひろうじんじゃ（なちのたき）

以日本三名瀑之一的那智瀑布為御神體。神武天皇在東征途中於那智山中發現壯麗的瀑布，因此在此地供奉大己貴神（大國主命），亦即並列熊野三山的熊野那智大社的起源。後來大社被移到鄰近的場所，祭祀大瀑布的地方改為別宮飛瀧神社（飛瀧大神），瀑布的正面有鳥居和齋場。瀑潭附近設有御瀧拜所舞台，可在能感受水花四濺的距離參拜落差高達133m的壯觀瀑布。

御祭神 大己貴神

靈驗項目 延年益壽

[TEL]0735-55-0321（熊野那智大社）
[所在地]和歌山縣東牟婁郡那智勝浦町那智山
[交通]JR紀伊勝浦站搭往那智山方向的熊野交通巴士24分，那智の滝前下車步行3分 [時間]7：00～16：30 [休]無休
[費用]御瀧拜所舞台300日圓
[URL]www.kumanonachitaisha.or.jp（熊野那智大社）

神社周圍有一大片所屬於熊野那智大社的那智山原始林

佇立在境內瀑布正面的齋場。御瀧拜所舞台位於瀑潭附近，另外還規劃一處據說有延年益壽之效的瀑布飲水區

高度在日本首屈一指的氣勢磅礴瀑布。那智瀑布原本是指在那智山中48個瀑布修行場所的總稱，著名的那智瀑布在其中名為一之瀑布

拾險峻石階而上。Gotobiki巨石也可以寫做琴引岩，據說名字的由來為熊野地區方言中的蟾蜍「Gotobiki」

可一望海景、街景的巨石為諸神降臨之地

▎神倉神社
かみくらじんじゃ

以神倉山頂上名為Gotobiki的巨石為御神體，相傳就是熊野三山的諸神降臨地。北邊1.3km處就是熊野三山之一熊野速玉大社的創建地，神倉神社即附屬於大社的攝社。攀登由源賴朝捐贈的538階陡峭石階到頂，就能看到60m高峭壁上的巨石。石塊下方設有拜所，突出於山頂的巨石散發出一股莊嚴的氛圍。從境內可遠眺新宮市區和太平洋。

2月6日會舉行手持火把跑下神社石階的御燈祭

御祭神 高倉下命、天照大御神

靈驗項目 國泰民安、現世安穩、福德招來

[TEL] 0735-22-2533（熊野速玉大社）
[所在地] 和歌山縣新宮市神倉1-13-8
[交通] JR新宮站步行15分
[時間] [休] [費用] 境內自由參觀
[URL] kumanohayatama.jp（熊野速玉大社）

神社位於海拔120m的神倉山山頂附近，可將市區街景盡收眼底

出羽三山神社（月山神社）

●でわさんさんじんじゃ（がっさんじんじゃ）

开
山形縣
庄内町

※參拜山頂神社時必須要有登山配備。需要的裝備等級則依每座山而不同，請於行前確認清楚。

鎮座著本宮的月山山頂上，
雲海的彼端就是被稱為出羽
富士的鳥海山

1 位於月山八合目的彌陀原濕原，每逢夏天就有日光黃萱等上百種高山植物盛開綻放
2 座落在八合目的中之宮御田原神社，供奉五穀豐收、締結良緣之神
3 本宮就在石塊堆砌成的石垣內
4 蜂子皇子的御尊像（中央）。由於能消除眾生的煩惱，所以又有「能除太子」之稱

綿延於庄內的「現世、前世、來世」之山 認識自我的本質，祈求脫胎換骨煥然一新

出羽三山是羽黑山、月山、湯殿山的總稱。593（推古天皇元）年，崇峻天皇的三男蜂子皇子在羽黑山頂創設了出羽神社，之後又分別於月山、湯殿山興建寺院。三山被視為一體，成為廣受眾人信仰的靈驗體驗場。巡禮三山的修行名為「三關三渡」，代表現世、前世與來世之意。

月山神社所在的主峰月山海拔1984m，是最具象徵性的聖域。位於八合目的彌陀原濕原，有一大片宛如極樂世界般的天空花田。山頂有本宮鎮座，登山時不妨邊欣賞高山植物邊一路往上參拜。

Keyword

▶出羽三山神社 意指鎮座在出羽三山（羽黑山、月山、湯殿山）的3座神社，為修驗道的聖地。

▶三關三渡 代表三世的淨土：是羽黑山的現世幸福、月山的死後體驗、湯殿山的新生命，透過三山參拜即可脫胎換骨得到重生。

| 御祭神 | 月讀命（本宮）、奇稻田姬神（中之宮） |
| 靈驗項目 | 五穀豐收、航海安全、心想事成等 |

参拜重點 \Check!!/

參拜本宮前須接受祓禊儀式
山頂的本宮內是絕對神聖的境域，因此參拜前要先淨化身心，對著人形紙吹氣後放入流水。參拜後再飲用神酒。

参拜建議

不需過度執著於參拜神社，只要身處大自然的懷抱中就能夠感受到「從自然獲取的能量」。羽黑山（→P.135、148）的表參道共有2446級石階，最推薦在清晨時段走訪。

| 出羽三山神社 |
| 禰宜 吉住 登志喜先生 |

[TEL]0235-62-2355（出羽三山神社社務所）
[所在地]山形縣東田川郡庄內町立谷沢本沢31
[交通]JR鶴岡站搭往月山8合目方向的庄內交通巴士2小時，終點站下車。到月山山頂步行2小時30分
[時間]7月1日～9月15日5：00～17：00
[休]期間中無休 [費用]祓禊費500日圓
[URL]www.dewasanzan.jp

重要祭典 7月1日 **月山神社本宮開山祭** 為祈求登拜者的安全與祭祀祖靈的祭典。※從紅葉時節9月16日起至隔年的6月底封山

酒田⑦

酒田站⑦　藤島站

滿福寺卍

赤川

羽越本線

鶴岡站

345

城跡

鶴岡市公所

Column !!
能一次參拜三山的「三神合祭殿」
月山和湯殿山的積雪很深，冬天參拜不便，所以在羽黑山頂上置有三神合祭殿，將出羽三山的神祇們齊聚於一堂。三山的年中祭典也都會在這裡舉行。覆蓋著日本最大規模茅葺屋頂的祭殿，為1818（文政元）年的重建之物。

位於羽黑山山麓的公營浴場，從寬敞的露天浴池可一望月山、羽黑山的景致

やまぶし溫泉 ゆぽか ♨

京田川

藤島川

隨神門

羽黑山五重塔

出羽文化紀念館

羽黑山

三神合祭殿

出羽三山神社（出羽神社）

羽黑山頂

休暇村羽黑

羽黑山道路

以出羽三山的中心地興盛發展的羽黑山
出羽三山神社（出羽神社）　→P.148
でわさんざんじんじゃ（いではじんじゃ）

相傳由平將門建造的東北最古老五重塔（國寶），高29m。參道上矗立著400多棵杉樹（國家指定紀念物），氣勢非凡。還可參加山伏修行的體驗營。

📞0235-62-2355（出羽三山神社社務所）
🏠山形縣鶴岡市羽黑町手向7
🚌JR鶴岡站搭往羽黑山頂方向的庄內交通巴士55分，終點站下車步行10分

展示出羽三山的歷史和文化遺產。針對修驗道、山伏修行也有詳盡的解說，還可體驗試吹法螺貝

立谷澤川

與俗世完全隔絕的神域
出羽三山神社（湯殿山神社）
でわさんざんじんじゃ（ゆどのさんじんじゃ）

曾為羽黑山、月山的修行者進入成佛境界的即身成佛之地。嚴禁一切人工雕琢之物，因此並無設置本殿或社殿。禁止攝影、脫鞋參拜的嚴格戒律如今依然存在。

📞0235-54-6133
🏠山形縣鶴岡市田麦俣六十里山
🚌JR鶴岡站搭往湯殿山方向的庄內交通巴士1小時30分，終點站下車後轉搭接駁巴士5分

嶽神社

山形自動車道

112

あさひIC ○

1974（昭和49）年森敦榮獲芥川賞的作品《月山》，就是以造訪注連寺的體驗為基礎所執筆的內容

▲上大瀧山

卍注連寺

新山神社 ⩑

112

月山水庫•

鷹匠山 ▲

月山花笠道

211

御田原參籠所

月山八合目

可搭巴士直抵月山的八合目。若要前往本宮參拜，則從這裡再走2小時30分的山路

• 佛生池小屋

湯殿山IC ○

朝日月山湖

從停車場可搭接駁車里湯殿山神社的參拜所本宮，下車再走5分即到。從這裡到本宮徒步約需20分鐘

出羽三山神社（月山神社）

範例行程

第一天 能吃到山羽三山山菜的素齋料理
到羽黑山的山麓享用午餐。下午騰出2小時往返羽黑山，參拜出羽三山神社的三神合祭殿。入住羽黑山的齋館，品嚐素齋料理。

第二天 沿山脊而行，從山頂飽覽全景風光
搭車至月山八合目後開始登山。於九合目的佛生池小屋小憩片刻，接著前往月神社本宮。沿著山脊約3小時至湯殿山，參拜湯殿山神社的本宮。

出羽三山神社（湯殿山神社） ⩑

湯殿山道路

• 仙人岳

湯殿山

112

山形市區

出羽三山神社（湯殿山神社） ⩑

N

0　　　2km

愛媛縣
西条市

險峻山頂上的神聖境域
鎮座於西日本最高峰的神社

石鎚神社

●いしづちじんじゃ

從海拔1982m的天狗岳眺望佇立於彌山的頂上社，彌山、天狗岳和南尖峰的連綿山峰統稱為石鎚山

1 鱗峋峭立的天狗岳。紅葉從10月開始染色，吸引許多登山客前來
2 位居山腰的成就社。
3 役小角沒登山頂就折返下山，途中遇到一位努將斧頭磨成針的老人，深受感動而定捲土重來終於創建了寺院
4 鎮座在石鎚Sky Line終點處的土小遙拜殿

名僧累積修行的修驗道場
還留有神佛合一信仰的神社

　　石鎚神社是四座神社的總稱，分別為山頂的頂上社（奧宮）、山腰的成就社與土小屋遙拜殿、山麓的本社。名列日本七靈山之一的石鎚山被視為御神體，整座山皆是受到崇敬的聖域。寺院由修驗道的始祖役小角所創建，寂仙菩薩被奉為石鎚藏王大權現，吸引眾多虔誠信徒登山朝拜。弘法大師也曾來過此地修行。

　　可從成就社沿著山路前往佇立於山頂的頂上社，若天氣晴朗亦能遠望九州的群山，日出日落時還有機會能見到宛如佛光般神聖彩虹光環的布羅肯現象。

Keyword

▶役小角　又名役行者，為實際存在於飛鳥、奈良時代的修驗道開山祖師。流傳後世的人物形象則大多是神奇的傳說故事。
▶藏王權現　修驗道的本尊，分別有釋迦如來（過去）、千手觀音（現在）、彌勒菩薩（未來）的化身，為祈求救濟三世眾生的日本特有佛像。

御祭神　石鎚毘古命（佛教中的藏王大權現）
靈驗項目　家內平安、疾病痊癒、商業繁盛、學業成就等

參拜建議

石鎚山又以「鎖場」著稱，在鐵鎖攀登陡峭岩壁的過程中能達到心無雜念的無我境界，體驗神人一體的感覺。此外，開山祭期間的7月1日當天禁止女性前往山頂登拜。

石鎚神社 權宮司
十亀 博行先生

※若無自信請勿勉強，請繞道而行。

[TEL]0897-55-4044(石鎚神社本社)　[所在地]愛媛県西条市西田甲797(石鎚神社本社)　[交通]從石鎚登山纜車‧成就站到成就社20分(吊椅5分，步行15分)，成就社到頂上社步行3小時　[時間]境內自由參觀(5月1日～11月3日頂上社有神職人員常駐)　[休]無休　[費用]登山纜車來回1950日圓、吊椅來回500日圓，境內免費
[URL]www.shikoku.ne.jp/ishizuchi/

重要祭典　7月1~10日 **開山祭** 將石鎚大神的「仁」、「知」、「勇」三尊御神像移駕至神輿，再由信眾抬至頂上社進行大祭儀式。

瀨戶內海　燧灘

範例行程

第一天 備妥登山裝備，下午到石鎚山健行
從下谷站搭石鎚登山纜車到成就站，轉搭吊椅後再步行至成就社。走約 3 小時的山路可抵達頂上社，晚上就入住山頂的頂上山莊。

第二天 欣賞完日出後，前往日本歷史最久的道後溫泉
早起欣賞對面天狗岳升起的日出後，整裝下山。下午可前往松山市內觀光或到已有3000年歷史的道後溫泉泡湯。

超過1800年的古老神社
伊曾乃神社
いそのじんじゃ

供奉皇祖神天照大御神與國土開發祖神武國凝別命。於10月的例大祭會奉納81輛金色神輿和彩車，十分熱鬧。

- 0897-55-2142
- 愛媛縣西條市中野甲1649
- JR伊予西條站搭計程車7分

N
0　2km

◎今治站／松山站
今治小松自動車道
壬生川站
加茂川
新居濱站
東予丹原IC
飛鳥時代，愛媛縣最古老的遺跡。以「千株牡丹之寺」人知，4月下旬為盛開期
玉之江站
產業道路外環道
鐵道歷史公園 in SAIJO
伊予西條站
朝日啤酒 四國工廠
開放參觀（事先預約），還可至附設的啤酒園大啖生啤酒和成吉思汗烤肉
いよ西條IC
新居濱
善寺卍
木地藏卍
いよ小松北IC
法安寺
伊予小松站
伊予冰見站
予讚線
石鎚山站
伊曾乃 神社卍
介紹鐵道與西條市的迷人魅力，展示有第一代的 0 系新幹線、日本唯一可以行駛的DF50型柴油火車等
いよ小松IC
從JR石鎚山站步行15分可至本社
前神寺卍
いよ小松JCT
松山自動車道
石鎚神社 本社

受到歷代天皇的信奉
前神寺
まえがみじ

位於石鎚山的山麓，相傳由役小角所創建的寺院。為石鐵山的別當寺，亦是真言宗石鐵派的總本山。還保留著高倉天皇、後鳥羽天皇等歷代天皇奉納的佛像、經卷等文物。

- 0897-56-6995
- 愛媛縣西条市洲之內甲1426
- JR石鎚山站步行10分

綱付山▲
橫峰登山口
上の原乗換所
黑瀨湖
由荒廢校舍改裝而成的自然體驗型學習設施，備有烤肉區、木屋和露營場
中野林道
極樂寺卍
橫峰寺參拝口
卍橫峰寺
石鎚交流之鄉
高森▲

被稱為「遍路險山道」的危險路段
橫峰寺
よこみねじ

地處石鎚山系山腰的四國八十八所靈場第60號札所。起源於役小角修行時藏王權現身，因此在石楠樹上雕刻了佛像安置。以大日如來為御本尊。

- 0897-59-0142
- 愛媛縣西条市小松町石鎚甲2253
- JR伊予西條站搭往石鎚登山纜車、西之川方向的瀨戶內巴士27分，橫峰登山口下車。步行3分至上之原轉乘站搭橫峰寺參拜巴士30分，橫峰寺參拜口下車步行15分

從JR伊予西條站搭往石鎚登山纜車、西之川方向的瀨戶內巴士可至石鎚登山纜車，車程需54分，纜車前下車即到

位於海拔1400m的高海拔，因此雪質佳。還能眺望瀨戶內海

下谷站
石鎚登山纜車
成就站
石鎚滑雪場
石鎚神社 成就社

石鎚山▲
彌山▲▲天狗岳
石鎚神社 頂上社

石鎚神社 上小屋遙拜殿

石鎚Sky Line
面河溪

瓶森▲

Column
留有修行場的風貌
數個險峻的「鎖場」

通往山頂的參道長約230m。鎖場處掛有試之鎖、一之鎖、二之鎖、三之鎖，將心意寄託在一條鎖鏈上，登上嚴峻的岩場，藉此體會到無我的境地，是個賭上性命的修行（可繞道而行）。

住宿資訊 彌山山頂上設有頂上山莊。山麓境內有石鎚神社會館（10名以上的團體需預約），纜車搭乘處周邊也有幾間旅館。

山頂的神社　石鎚神社

139

白山比咩神社

● しらやまひめじんじゃ

石川縣
白山市

靈峰白山　御前峰

御前峰　標高二、七〇二M

鎮座在白山御前峰山頂的奧宮，社殿在
1988（昭和63）年重建。在海拔2702m
的山巔將四周的神聖風景盡收眼底

山頂的神社　白山比咩神社

1 從柴山潟（加賀市）望去的白山風光。隔著湖泊的白山景致是絕景之一，晴朗好天氣時更是美不勝收 **2** 一早就有不少登山客等著觀賞御前峰的日出 **3** 本宮御社殿，內部由檜木打造而成。與本殿之間以30階的木製登廊相連 **4** 越過一之鳥居後前方即綿延300m的表參道，兩旁杉樹、楓樹等樹木林立

以「白山桑」之名廣為人知
全日本白山神社的總本宮

　　山域橫跨石川縣、福井縣、岐阜縣三縣的白山，自古以來就是備受景仰的靈山信仰聖地。鎮座於神域的白山比咩神社，本宮蓋在山麓、奧宮則設在山頂。本宮相傳創建於西元前91（崇神天皇7）年，718（養老2）年由僧人泰澄在白山御前峰山頂興建了奧宮。白山開山以來吸引許多修行僧登山朝拜，繁榮一時的「加賀馬場」即當時的三個據點之一。如今被大家暱稱為「白山桑」，每逢夏天的開山期間總有大批人潮前往奧宮登拜。

Keyword

▶泰澄 682（天武天皇11）年生於越前國，自14歲出家後就開始雲遊各山累積修行。
▶登山 為僧侶透過登山達到悟道的修行方式，登山本身亦即一種信仰。

御祭神 白山比咩大神（菊理媛神）、伊弉諾尊、伊弉冉尊
靈驗項目 成就良緣、五穀豐收、漁獲豐足、開運招福等

參拜重點 ＼Check!!／

從本宮取汲白山靈水回家

白山靈水以延年益壽的功效聞名遐邇，據信能帶來好運，所以遠道前來汲水的人也很多。

參拜建議

本宮境內有樹齡500、1000年的古木、清澈流水和清新的空氣，能感受到豐沛的大自然與旺盛生命力。尤其群樹環繞的表參道以及百年歷史的白山伏流水「延年益壽的白山靈水」，更是不可錯過的景點。

白山比咩神社 宣傳 權禰宜
田中 天善先生

本宮　[TEL]076-272-0680　[所在地]石川縣白山市三宮町二105-1　[交通]北陸鐵道‧鶴來站搭往瀨女方向的加賀白山巴士5分，一の宮下車步行5分
[時間][休][費用]境內自由參觀　[URL] www.shirayama.or.jp
奧宮　[交通]從別當出合沿著登山道步行5小時
[時間]夏季開山期間7月1日～8月31日　[費用]境內免費

新西金澤站
石川鐵道
北陸鐵道線
鶴來站
擴大圖右川

白山比咩神社 本宮

卍願慶寺

Column‼
以白山登拜的據點而繁榮發展的三個馬場
根據《白山記》的記載，「馬場」成立於832（天長9）年，為前往加賀、越前、美濃登拜的據點。「馬場」名稱的由來，則有登拜時禁止馬匹通行，因此必須將馬兒栓在此處，以及前方是馬匹不可進入的神域入口等說法。

手取峽谷 てどりきょうこく

手取川

手取湖

超過30m的高聳峭壁與綿之瀑布
手取峽谷
てどりきょうこく
綿之瀑布的壯麗風光為手取峽谷屈指可數的美景，從32m高處傾瀉而下的水花看起來就像是漫天飛舞的綿絮。
☎076-259-5893（白山市觀光聯盟）
🚃北陸鐵道·鶴來站車程20分

北陸鐵道石川線
鶴來市公所
鶴來支所
0　　500m

石川縣昆蟲館

山上郷大橋

一之宮

鶴來外環道

手取川

白山比咩神社寶物館

一之宮大橋

白山比咩神社 本宮

本宮周邊

五箇山IC

東海北陸自動車道

公路休息站 瀨女

尾添川

白山白川鄉白色道路

冬瓜山

瓢簞山

白川郷IC

白川郷合掌村

地處大自然中，能欣賞「新綠」、「紅葉」、「雪景」等四季之美。設有商店、咖啡廳

從岐阜縣一路延伸至石川縣的收費道路，全長33.3km。紅葉景致優美，是著名的人氣兜風路線

1995年登錄為世界文化遺產
白川鄉合掌村
しらかわごうがっしょうづくりしゅうらく
除了114棟合掌造建物外還可一窺生活在豪雪地帶的古老生活智慧，以及已列為國家重要文化財的和田家等眾多景點。
☎05769-6-1013（白川鄉觀光協會）
🏠岐阜縣大野郡白川村　🚃北陸鐵道·鶴來站車程1小時40分

大嵐山
砂御前山
白峰溫泉　青柳山

大日山

七倉山
白山
（御前峰）

人氣登山口。登山旺季期間（7月下旬～8月上旬）能欣賞到近300種的高山植物

奧宮祈禱殿

別當出合

白山比咩神社 奧宮

取立山

大長山

越前鐵道
勝山永平寺線

島站

勝山站

寺白山神社

龍川

從前是「越前馬場」的所在地，相傳馬場設立於白山開山約115年後

赤兔山

願教寺山

丸山

芦倉山

照片提供：岐阜縣白川村役場

野伏ヶ岳
天狗山
大日ヶ岳

以前的「美濃馬場」所在地，許多人曾以這裡為起點造訪白山

幡野高原

東海北陸

毘沙門嶽

長良川鐵道
越美南線
高鷲IC

飛騨清見IC

鷲ヶ岳

範例行程
第一天
首日先為隔天的登山做好準備並保存體力
到石川縣昆蟲館參觀珍貴的展示與活體昆蟲。前往手取峽谷欣賞屈指的美景後，可至公路休息站瀨女休息片刻，再返回住宿場所。

第二天
登山後一路開車兜風觀光至白川鄉
一早從別當出合出發前往奧宮（約6km）參拜。參拜後可沿著白山白川鄉白色道路開車兜風，往白川鄉合掌村的方向走訪世界遺產。

長良川
北濃站

長瀧白山神社　白山長瀧站
美濃白鳥站　白鳥高原站

九頭龍湖站

🏠住宿資訊　登山住宿設施和露營場為了避免夏季登山期間的人潮擁擠，因此幾乎都採預約制。也可以選擇住在白峰溫泉。

從登山道欣賞北阿爾卑斯的群山美景
朝立山連峰主峰上的神社前進

雄山神社
●おやまじんじゃ

开
富山縣
立山町

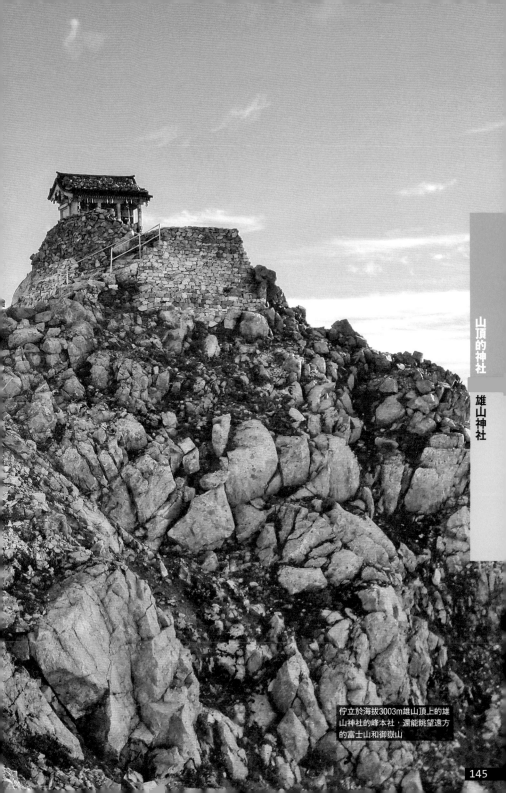

佇立於海拔3003m雄山頂上的雄
山神社的峰本社，還能眺望遠方
的富士山和御嶽山

145

1 山頂附近的社務所。售有輕食和飲料，可作為登山的休憩站利用
2 可至峰本社的本殿接受神社祭司的祈福儀式
3 山麓處的岩峭前立社壇，本殿已被指定為國家重要文化財
4 蘆峅中宮祈願殿，為立山的開山祖師佐伯有頼度過晚年之地

鎮座在立山主峰雄山的山頂
夏季開山期間登山朝拜者眾多

　　立山與富士山、白山合稱日本三靈山，為人們崇敬信仰的御神體，也是越中國（現在的富山縣）內的其中一座一之宮。701（大寶元）年越中國司之子佐伯有頼得到立山權現的教誨，遵奉文武天皇的敕令創建了神社。神社由三座社殿組成，分別是雄山頂上的峰本社、山麓的蘆峅中宮祈願殿和岩峅前立社壇。峰本社僅於夏季3個月期間開放參拜，從室堂走立山黑部阿爾卑斯山脈路線的立山登拜道約需2小時。登頂途中雖有些路段陡峭崎嶇、行走不易，但能將群山與富山灣的美麗風景一覽無遺。

Keyword

▶一之宮 於江戶時代以前的行政區劃「國」中地位最高的神社。
▶立山權現 融合立山山岳信仰與修驗道的神佛合一神祇，將阿彌陀如來、不動明王視為是本地佛。

| 御祭神 | 伊邪那岐神、天手力雄神 |
| 靈驗項目 | 家業興隆、締結良緣、化災解難、開運等 |

參拜重點 \Check!!/

記得做好防曬、禦寒及高山症對策

海拔超過3000m的雄山，高山症、強烈紫外線、氣溫驟降等狀況都在預想之內。請確實做好健康管理與備妥必需用品。

參拜建議

登頂抵達峰本社後，北阿爾卑斯山脈的360度全景、立山連峰的冰河、御前澤雪溪等都盡收在眼底。參拜後領取的御札也可以當成雄山的登頂證明喔！離室堂只有2小時左右的路程，但行經一之越後就是陡坡和礫岩，得小心慢行。

立山町觀光協會
事務局長 隈上 雅志先生

[TEL] 090-5178-1519 (峰本社洽詢處)
[所在地] 富山縣中新川郡立山町芦峅寺立山峰1
[交通] 立山纜車‧美女平站搭立山高原巴士50分，室堂ターミナル下車步行2小時
[時間] 7月1日～9月30日的3個月期間　[休] 期間中無休
[費用] 500日圓　[URL] www.oyamajinja.org

146

範例行程

第一天 **由長野縣側前往阿爾卑斯山脈路線**
從扇澤站轉搭無軌電車等交通工具，抵達海拔2450m的室堂巴士總站。由此進入參拜登山道，走至一之越山莊住宿一晚。

第二天 **登上雄山，參拜山頂的峰本社**
從山莊出發，以山頂為目標繼續前進。過了一之越後道路崎嶇險峻，約1小時可抵達雄山神社的峰本社。參拜並稍微休息後，再下山走回室堂。

御庫裏池溫泉ᐟ・血之池
御庫裏池

雄山神社 峰本社

立山室堂山莊
●第32號石佛
●玉殿岩屋

立山室堂山莊

立山
(大汝山)
3015m

立山高原巴士
室堂
ターミナル
彌陀原

ホテル立山
●立山自然保護中心

參拜登山道

立山隧道無軌電車

雄山
3003m

雪之大谷

國見岳
▲2620m

淨土山
▲2831m

一ノ越山莊

大觀峰站

室堂展望台

龍王岳
▲2872m

0　　　　500m
室堂平〜雄山山頂

宏偉山巒近在眼前阿爾卑斯山脈路線的中心地〜

室堂平
おとうだいら

為3000m級高山環繞的熔岩台地。設有完善的散步路線，可巡訪號稱北阿爾卑斯最美的火山湖「御庫裏池」等知名景點。室堂巴士總站是日本海拔最高的車站，內有伴手禮店、餐廳等店家進駐。
☎076-432-2819(立山黑部觀光)　富山縣中新川郡立山町芦峅寺室堂　❌室堂巴士總站下車即到

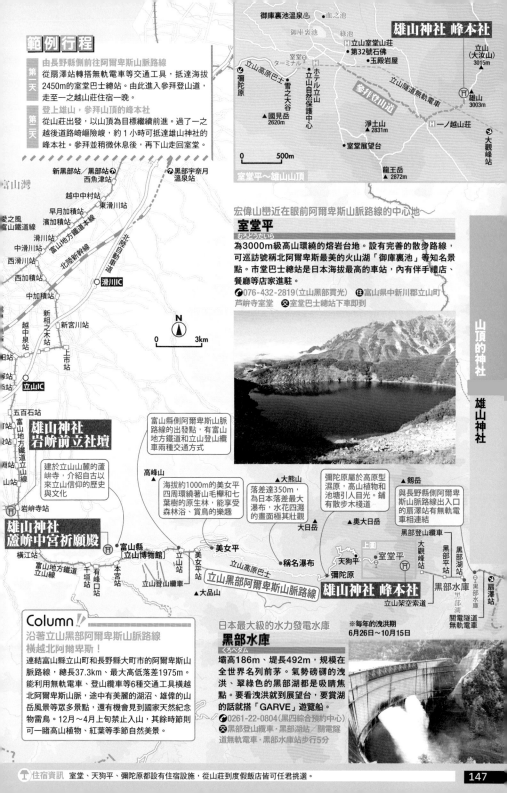

新黑部站/黑部站
西魚津站

黑部宇奈月
溫泉站

越中中村站

東滑川站

早月加積站
滑川站
滑川IC

愛之風
富山鐵道本線

富山地方鐵道本線

北陸新幹線

中滑川站
西滑川站
東加積站

富山灣

新相之木站
越中泉站

新宮川站
上市站

五百石站

富山縣立山町阿爾卑斯山脈路線的出發點，有富山地方鐵道和立山登山纜車兩種交通方式

N
0　　　3km

雄山神社
岩峅前立社壇

建於立山山麓的蘆峅寺，介紹自古以來立山信仰的歷史與文化

岩峅寺站

雄山神社
蘆峅中宮祈願殿

橫江站

千垣站
有峰口站

富山地方鐵道立山線

本宮站

立山IC

富山縣
[立山博物館]

立山站

立山登山纜車

美女平站

▲大品山

高峰山

海拔約1000m的美女平四周環繞著山毛櫸和七葉樹的原生林，能享受森林浴、賞鳥的樂趣

落差達350m，為日本落差最大瀑布，水花四濺的畫面極其壯觀

▲大熊山

彌陀原屬於高原型濕原，高山植物和池塘引人目光。鋪有散步木棧道

▲大日岳

▲奧大日岳

與長野縣側阿爾卑斯山脈路線出入口的扇澤站有無軌電車相連結

劍岳

美女平

▲立山高原巴士

●稱名瀑布

天狗平

上圖
室堂平

黑部登山纜車

大觀峰站

黑部平站

黑部湖站

扇澤站

彌陀原

立山黑部阿爾卑斯山脈路線

雄山神社 峰本社

立山架空索道

黑部水庫
黑部湖

黑部水庫站

關電隧道
無軌電車

Column

沿著立山黑部阿爾卑斯山脈路線橫越北阿爾卑斯

連結富山縣立山町和長野縣大町市的阿爾卑斯山脈路線，總長37.3km、最大高低落差1975m。能利用無軌電車、登山纜車等6種交通工具橫越北阿爾卑斯山脈，途中有美麗的湖沼、雄偉的山岳風景等眾多景點，還有機會見到國家天然紀念物雷鳥。12月〜4月上旬禁止入山，其餘時節則可一睹高山植物、紅葉等季節自然美景。

日本最大級的水力發電水庫

黑部水庫
くろべダム

壩高186m、堤長492m，規模在全世界名列前茅。氣勢磅礴的洩洪、翠綠色的黑部湖都是吸睛焦點。要看洩洪就到展望台，要賞湖的話就搭「GARVE」遊覽船。
☎0261-22-0804(黑部綜合預約中心)　❌黑部登山纜車·黑部湖站/關電隧道無軌電車·黑部水庫站步行5分

※每年的洩洪期
6月26日〜10月15日

邊欣賞參道的療癒美景邊一路往上爬

石階綿延的神社

設有三神合祭殿的「羽黑山」

▌出羽三山神社（出羽神社）
でわざんざんじんじゃ（いではじんじゃ）

出羽三山為修驗道的修行場所，依然有許多信眾前往朝聖。三山指的是羽黑山、月山和湯殿山，593（推古元）年崇峻天皇的三子蜂子皇子在羽黑山創建了出羽神社。三神合祭殿就蓋在羽黑山的山頂附近，距離山麓約1.7km、共有2446級石階。能參觀東北最古老的國寶五重塔，一之坂到三之坂的參道間雖然有些路段坡度較陡，但沿路的杉木林讓人心曠神怡。

御祭神 伊氏波神、稻倉魂命
靈驗項目 所願成就、開運招福等

[TEL]0235-62-2355（出羽三山神社社務所）
[所在地]山形県鶴岡市羽黑町手向7
[交通]JR鶴岡站搭往羽黑山頂方向的庄內交通巴士38分，隨神門下車即到　[時間][休][費用]境內自由參觀
（出羽三山歷史博物館的門票300日圓）
[URL]www.dewasanzan.jp

通往羽黑山方向的縣道上有座大鳥居，遠方的山頭就是月山

高29m的木造五重塔，引人注目的爺杉則是樹齡超過千年的杉木

踩著石階登頂約需40分鐘到1小時。石階的途中設有二之坂茶屋，可小歇片刻。眺望視野極佳，還能索取走遍石階的證明書

看似毫無止盡的綿延石階雖然疲累，但登頂後不僅能飽覽美景，
靠自己雙腳參拜的成就感更是不在話下。
順道一提，日本最長的石階是在熊本縣的釋迦院。

石階坡度較陡，不妨邊參觀景點邊慢慢往上爬。不要只注意身邊的風景，偶而也可回頭欣賞居高臨下的美景

望見壯麗的社殿後疲憊感也隨之煙消雲散

金刀比羅宮
ことひらぐう

以暱稱「金比羅桑」聞名的金刀比羅宮是海洋的守
護神。創建年代不詳，但根據《玉藻集》和《讚州
府志》的記述已有3000年的歷史。位於象頭山（琴
平山）山腰，綿長的石階參道到本宮為止有785級石
階，再往上到奧社則有1368級石階。本宮和奧社皆於
最後的100階左右突然變得陡急，但一路上和境內能
欣賞到大門、旭社等眾多神社和鳥居、樓門等建物。

社殿重建於1878（明治11）年，天井還施有櫻花樹的蒔繪裝飾

| 御祭神 | 大物主命、崇德天皇 |
| 靈驗項目 | 農業殖產、漁業航海等 |

[TEL]0877-75-2121　　[所在地]香川県仲多度郡琴平町892-1
[交通]JR琴平站至大門步行30分
[時間]境內自由參觀(付費設施8：30～17：00)
[休]無休(付費設施有休館日)
[費用]免費(部分設施需付費)
[URL]www.konpira.or.jp

從御本宮旁的高台可一望讚岐平原和讚岐富士

濃厚的神聖氛圍與極具氣勢的存在感

巨樹林立的神社

全日本最巨大的「蒲生樟樹」

▌蒲生八幡神社
かもうはちまんじんじゃ

建於1123（保安4）年，由蒲生氏的初代當主蒲生舜清從宇佐八幡宮（現在的宇佐神宮➡P.100）分靈而來。被尊為神木祭拜的「蒲生樟樹」推定樹齡約1500年、樹高30m，於1988（昭和63）年環境廳的調查中獲得日本最大巨木的認定，充滿一股神秘的吸引力。

| 御祭神 | 應神天皇、神功皇后、仲哀天皇 |
| 靈驗項目 | 健康長壽、安產、自立自興等 |

[TEL]0995-52-8400　[所在地]鹿兒島縣姶良市蒲生町上久德2284　[交通]JR帖佐站搭往楠田方向的南國交通巴士21分，蒲生支所前下車步行5分
[時間][休][費用]境內自由參觀
[URL]powerdesign.bbplus.net/0_Kamou80000/KamouSite/top/top.html

樹根部分有大顆樹瘤層層堆疊，形成一個4坪大小的大樹洞

昂然屹立的神木「八代大山毛櫸」

▌足鹿神社
あしかじんじゃ

創建年代不詳，但在編纂於927（延長5）年的《延喜式》神名帳中有記載的式內社。境內最引人目光的「八代大山毛櫸」因擴建工程和颱風等影響樹勢受損，目前正進行治療恢復

中。樹齡雖已高達1500年，但樹根依然茁壯威風堂堂。

| 御祭神 | 道中貴命 |

[TEL]079-672-4003（朝來市公所觀光交流課）
[所在地]兵庫縣朝來市八代229
[交通]JR新井站步行30分
[時間][休][費用]境內自由參觀

現在樹高為23m，但在1999（平成11）年因颱風折斷大樹枝前曾高達30m

在神聖氛圍中孕育茁壯的大樹受到眾人崇仰，
日積月累的凜然氣勢與威嚴讓人望之生畏，
能感受到無法用言語表達的歷史重量和大自然的驚人力量。

承載滿滿祈願的「乳銀杏」

▌乳保神社
にゅうほじんじゃ

銀杏古木會長出有如人類或動物乳房下垂狀般的氣根，而乳保神社內的神木銀杏也冒出了許多氣根。前來祈求母乳充沛等願望的參拜者越來越多，也因「乳銀杏」的別名而被稱之為乳保神社。

[御祭神] 木花咲耶姬命
[靈驗項目] 哺乳等

[TEL]088-694-6814（上板町教育委員會）
[所在地]德島縣板野郡上板町瀨部西井內763
[交通]JR德島站搭德島巴士・二條鴨島線1小時，井ノ內下車步行2分
[時間][休][費用]境內自由參觀

據說樹齡已900年以上，為德島縣內最長壽的銀杏

榛名神社是著名的能量景點，除了矢立杉外御姿岩、七福神也是參觀焦點

氣場強大的「矢立杉」

▌榛名神社
はるなじんじゃ

創建至今已近1400年歷史的古社，在清流、瀑布、老杉的環繞下洋溢出幽玄的氛圍。沿著石板參道向前走，就會看到一棵高聳參天、散發神聖光芒的筆直杉樹。約400年前武田信玄進攻箕輪城之際，為了祈願戰勝而一箭射中的大樹即這棵「矢立杉」，樹高推定有55m。

[御祭神] 火產靈神、埴山姬神
[靈驗項目] 消除火災、開運、五穀豐收、商業繁盛等

[TEL]027-374-5111（榛名觀光協會）
[所在地]群馬縣高崎市榛名山町849
[交通]JR高崎站搭往榛名湖方向的群馬巴士1小時10分，榛名神社下車步行15分　[時間]7：00～18：00（冬天～17：00）　[休]無休　[費用]免費

一階又一階使勁往上爬
感受誕生名句的景觀與聲音

立石寺（山寺）

● りっしゃくじ（やまでら）

山形縣
山形市

左方是屹立於岩山頂端的納經堂，
收藏信徒於奧之院抄寫的法華經。
創立於1599（慶長4）年。

1 五大堂建在面朝奧之院的左側岩壁上，為祭祀五大明王的道場。也是立石寺最棒的觀景點
2 以欅木建造的優美仁王門，與紅葉和皚皚白雪都很相襯
3 根本中堂是立石寺全體寺院的本堂，為日本最古老的山毛欅建築物
4 以釋迦如來和多寶如來為本尊的奧之院，大佛殿內安置著一尊金色大佛

佇立1150餘年的歷史歲月
遺留在陸奧古寺的芭蕉足跡

　　通稱為山寺，860（貞觀2）年由慈覺大師創立。法燈是開山之際從比叡山延曆寺（→P.167）分火而來，無論哪邊燈滅了就從另一邊分燈取火的傳統一直持續至今。境內從山麓到山頂一路上都有堂宇傍山而建，從登山口附近的根本中堂到最上方奧之院的參道有1000多階石梯，除了部分路段外多為陡峭斜坡。不妨邊期待山頂的絕佳美景，邊慢慢地一步步往上爬。松尾芭蕉曾留下名句「萬籟俱寂，蟬鳴聲聲滲入石」，但其實原本並沒有計畫要造訪此地，可說是芭蕉留給後世的驚喜。

Keyword

▶慈覺大師 立石寺的開山始祖。又名圓仁，師事最澄大師，曾擔任第三代天台座主。與最澄、空海等人同為入唐八家之列。
▶松尾芭蕉 江戶時代的俳人，生於伊賀國。紀行文《奧之細道》為其代表作，留下不少如歌詠山寺之作的著名俳句。

宗派 天台宗
御本尊 藥師如來

參拜重點 \Check!!/

每年夏秋兩季的點燈裝飾如夢似幻

7月下旬～8月下旬的夏季與10月下旬～11月上旬的紅葉時節，每日18～21時於開山堂和五大堂都有點燈活動。

參拜建議

秋天的山寺紅葉景致絕美。10月初從山頂開始染紅，約一個月時間一路蔓延至山麓。站在展望台的五大堂眺望，更是美不勝收。

立石寺　清原住職

[TEL] 023-695-2843
[所在地] 山形縣山形市山寺4456-1
[交通] JR山寺站步行5分
[時間] 8：00～17：00
[休] 無休（因設施而異）　[費用] 300日圓
[URL] www.rissyakuji.jp

重要祭典 1月14日 開山忌 開山祖師慈覺大師的祖忌法會。於開山堂舉行，門扉打開後可以見到慈覺大師的尊容。

範例行程

上午

沿途欣賞景色邊一路往上爬

從立石寺登山口出發。根本中堂到山門是緩坡，蟬塚到仁王門是最陡峭的路段。行經性相院後往左走可抵達五大堂和開山堂，往右走就是奧之院。總共1000多的石階，上山約需2小時。

下午

視天候狀況前往藏王健行

若天氣不錯，不妨造訪稍微有點距離的藏王溫泉。可搭乘利用中央纜車、天空纜車，享受漫步大自然的樂趣。

寒河江雖為山形的櫻桃名產地，但天童當地有許多果樹園因此人氣較高

元祖天童觀光果樹園

立石寺(山寺)

山形城的城址，為出羽山形藩初代藩主最上義光的居城。目前還殘留著二之丸的壕溝，春天是賞櫻的名勝景點

追尋山形及整個東北的芭蕉足跡

山寺芭蕉記念館

やまでらばしょうきねんかん

松尾芭蕉造訪立石寺的300年後，為紀念山形市創市100周年於1989（平成元）年所設立。除了收藏《奧之細道》的相關資料、親筆書寫的俳句外，還會舉辦俳句大會和講座。

☎023-695-2221　🏠山形縣山形市山寺南院4223　🚃JR山寺站步行8分

Column‼

《奧之細道》芭蕉的山形之旅

聽說一開始芭蕉在規畫東北的旅程時，立石寺並不在預定的參拜行程中，經旁人推薦造訪後，才從尾花澤調頭折回，當時距離立石寺大約28公里遠。據曾良在日記中的記述，從北千住出發後2個月，於1689（元祿2）年舊曆5月27日下午3時過後抵達，當天隨即上山朝聖。或許是佛寺已經關門、參拜者也稀稀落落的緣故，山中的寂靜氛圍造就出了眾所皆知的名句。

感受四季不同樣貌的藏王群山

藏王溫泉

さおうおんせん

位於藏王連峰的北邊，亦為藏王溫泉滑雪場的根據地。冬天可見樹冰、夏天可健行、秋天可看紅葉、初夏可賞新綠，是魅力無窮的高原度假地。

☎023-694-9328(藏王溫泉觀光協會)　🏠山形縣山形市藏王溫泉　🚃JR山形站搭往藏王溫泉方向的山交巴士40分，終點站下車

藏王連峰橫跨山形與宮城兩縣，縣境附近的宮城縣側有座火口湖，隨著時間、氣候更迭變化的湖水顏色充滿著神祕感

能見到樹冰的區域。樹冰是在氣象、地形、植被等特定條件符合下所形成的天然現象，滑雪季期間還會點燈裝飾營造出夢幻氣氛

0 ──── 2km

斷崖絕壁上的寺院

立石寺（山寺）

🏠 **住宿資訊**　推薦搭火車、開車都在1小時之內能到的天童溫泉。若想順道休閒玩樂，就選擇入住藏王溫泉。山寺站周邊的住宿設施很少。　**155**

座落在斷崖絕壁的投入堂
至今仍然謎團未解的國寶

三德山三佛寺

●みとくさんさんぶつじ

鳥取縣
三朝町

奧之院投入堂內供奉著藏王權現，據說是役小角施展法力將佛堂投入了岩壁的凹穴內

1 可從樹林間隙一窺山中的堂宇。山置有遙observer，備有望遠鏡可眺望投入端，已被列為重要文化財。迴廊並無置欄杆
2 懸造樣式的文殊堂就佇立在鎖場端，已被列為重要文化財。迴廊並無置欄杆
3 彷彿鑲嵌在洞窟內的觀音堂，此處登山的終點站
4 樹根竄出地表，坡度陡急的玻璃坡真不愧是修行之道

穿越險峻修行之道的盡頭
眾人心之嚮往的傳說堂宇

　　相傳706（慶雲3）年役小角拋出了三片蓮花瓣，其中一瓣落在三德山因而創建了寺院和修驗場。地勢險峻的三德山並無設置登山步道，可謂名符其實的修行道場。之後慈覺大師在此地供奉阿彌陀如來、釋迦如來、大日如來三佛，所以名為三德山三佛寺。沿著參道階梯而上即可見到三佛寺本堂，於本堂後方繳付參拜投入堂的入山費後才是真正的難關。一開始就是名為玻璃坡、鎖場的陡峭上坡，文殊堂、地藏堂等懸造樣式的建築物也很有看頭。克服困難路段後就能望見納經堂和觀音堂，投入堂也在不遠之處。

Keyword

▶三德山 山名代表般若、法身、解脫的三德，整座山域皆屬於三佛寺境內。有許多罕見的植物群落，已被指定為名勝、史蹟、國家公園。
▶投入堂 位居斷崖上、反翹的屋簷、樑柱結構等充滿建築特色的優美奧院，建造方法如今依舊是個謎。

宗派	天台宗
御本尊	釋迦如來、阿彌陀如來、大日如來

參拜重點 \Check!!/

前往投入堂參拜時需注意自身服裝

設在本堂後方的投入堂登山參拜受理處，會針對入山證、登山者的服裝等項目嚴格檢查。禁止穿著容易打滑的鞋款、附釘子的登山鞋。

參拜建議

根據近年來的調查，投入堂已確定是平安時代的建築。從本堂前往後方的修行之道，請穿著輪袈裟與適合參拜登山的鞋子。年齡限制在小學生以上，而且須兩人以上同行。本堂下方的「寶物殿」內有收藏展示投入堂御本尊的藏王權現立像，也十分值得參觀。

三德山三佛寺
良順先生

[TEL]0858-43-2666　[所在地]鳥取縣東伯郡三朝町三德1010　[交通]JR倉吉站搭往三德山方向的日之丸巴士35分，三德山參道入口下車步行10分　[時間]8:00～17:00（投入堂～15:00）　[休]無休（投入堂12～3月及天候不佳、積雪時封山）　[費用]400日圓（前往投入堂需另付200日圓）
[URL]www.mitokusan.jp

重要祭典　10月下旬 秋會式（火焰祭典）由山伏在一旁吹奏法螺，將寫上參拜者願望的護摩木投入火中焚燒即可心想事成的修驗道儀式。

溫泉從池中央的湖底湧出
東鄉池
とうごういけ

靠近日本海的淡水湖，蜆貝產量豐盛。西側湖岸有羽合溫泉，南側有東鄉溫泉。周長約10km，很適合悠閒漫步其間。
⊗JR松崎站下車即到

位於東鄉池的北邊、面日本海的海水浴場，以白色沙灘和高透明度的海水著稱。夕陽景致也很迷人

範例行程

上午 挑戰投入堂參拜登山
投入堂參拜的受理時間為8～15時。建議上午時段提早來登山，通常單程約1小時即可抵達能仰望投入堂的最終地點。冬季封山。

下午 浸泡含氡的三朝溫泉一掃登山疲憊
下山用過午餐後，前往三朝溫泉好好享受一番。先到溫泉泡個湯，通體舒暢後再出門逛逛溫泉街吧。

羽合海水浴場

公路休息站 はわい

♨鳥取站

●不動瀑布

♨羽合溫泉
東鄉池

東鄉溫泉　松崎站

位於東鄉池的西側、如海岬般突出於湖面的溫泉，從遠處看彷彿漂浮在湖上

正式做為溫泉使用是在明治年間，志賀直哉等多位文人都曾造訪過

天神川

●北山古墳

長傳寺卍　山陰本線

倉吉站

鉢伏山

●白者しあわせの郷

紅瓦白牆相襯的懷舊街道
倉吉赤瓦白壁倉庫群
くらよしのあかがわら・しらかべぞうぐん

倉吉市內東西流貫的玉川沿岸，紅瓦白牆的町家建築和倉庫比鄰而立。大多數都建於江戶末期～明治年代，營造出獨特的歷史韻味。已被評定為國家重要傳統建造物群保存地區。
☎0858-22-1200
（倉吉白壁倉庫群觀光服務處）
⊗JR倉吉站搭路線巴士市內線12分，赤瓦‧白壁土藏下車

村上神社
天神川
◆倉吉赤瓦白壁倉庫群
●打吹公園

1904（明治27）年為紀念當時尚為皇太子的大正天皇造訪的打吹山陰而建造的公園，為櫻花名勝百選之一

三朝町役場

♨三朝溫泉
三朝溫泉觀光商工センター前　♨河原風呂

卍北野神社

三德山参道入口

N
1km

◆♨湯原溫泉／奧津溫泉

溫泉街的中心位置、三朝橋旁的河灘設有露天混浴溫泉，河灘上就有溫泉湧出

三德山三佛寺　卍

●投入堂

復古風情的溫泉街
三朝溫泉
みささおんせん

三朝川的岸邊有一整排的溫泉旅館，溫泉街上柑仔店、咖啡廳、特產店林立，瀰漫著濃濃的古早味。造訪泡腳溫泉或到公共浴場泡湯也很有意思。
☎0858-43-0431 ⊗JR倉吉站搭往三朝溫泉方向的日之丸巴士25分，三朝溫泉觀光商工センター前下車

Column
山陰名湯‧三朝溫泉

擁有850年歷史，山陰屈指可數的溫泉。泉質富含濃度的氡元素，為世界上數一數二的放射能溫泉。只要浸泡溫泉，就能提高身體的自然治癒力和免疫力。若連續住宿三晚，第三天一早即可完全恢復精神，因此取名為三朝溫泉。

三德山
▲

小鹿溪●

斷崖絕壁上的寺院　三德山三佛寺　三德山三佛寺

愛知縣
新城市

背倚高聳的巨岩而建
與德川家有淵源的廣大寺院

鳳來寺
●ほうらいじ

延伸至本堂的參道有1425級石階
亦為前往鳳來寺山頂的登山道

寺院為703（大寶3）年由利修仙人所創建，本尊藥師如來像據說也是出自利修之手。文武天皇的疾病在祈禱後痊癒，因此賞賜寺院給利修，於祈禱之際，鳳凰載著利修飛抵皇宮所以取名為鳳來寺。而德川家康的誕生，相傳是哀嘆無後代子嗣的母親於大之方，在鳳來寺進行參籠後的恩賜。也因此寺院在江戶幕府的庇護下興盛發展，當時甚至擁有21個院坊，但如今僅剩仁王門的遺構。樹齡800年的傘杉以及高聳的巨岩，則一路見證了寺院榮枯盛衰的歷史變遷。

宗派 真言宗
御本尊 藥師如來

Keyword

▶鳳來寺山 海拔695m，為號稱「聲音的佛法僧」的愛知縣鳥紅角鴞的棲息地。紅葉景色優美，已被指定為國家名勝。

▶於大之方 松平廣忠的正室，生下德川家康後被迫離婚。後來嫁給久松俊勝並育有六子，俊勝過世後剃髮出家，法號傳通院。

參拜重點 ＼Check!!／

健行途中也有很多景點可看
沿著參道走能看到一棵樹齡800年的傘杉，上方枝葉張開如傘狀的巨木。還可穿過狹窄的岩石間縫隙，體驗胎內巡遊的樂趣。

[TEL]0536-32-0022（新城市觀光協會）
[所在地]愛知県新城市門谷鳳來寺1
[交通]JR本長篠站搭豐鐵巴士・田口新城線8分，鳳來寺下車步行1小時
[時間][休][費用]境內自由參觀

重要祭典 1月上旬 鳳來寺田樂 為三河的三田樂之一。歌謠中不只描述稻作、養蠶等莊稼活，也會導入與鳳來寺信仰習俗相關的內容。

斷崖絕壁上的寺院
鳳來寺

1 鐘樓背後矗立著宛如巨大屏風的鏡岩，在岩壁的回音作用下連鳥叫聲也十分悅耳。鐘樓的大鐘上刻有版畫家棟方志功的十二神將

2 由第三代將軍德川家光捐贈興建的仁王門，兩旁立有金剛力士像

3 本堂重建於1974（昭和49）年，屋頂為銅板葺樣式

順道一遊
鳳來山東照宮 ほうらいさんとうしょうぐう

德川家光在日光東照宮的緣起記述中，得知德川家康的出生是因雙親曾來鳳來寺祈願，因此建了此神社。建築樣式也與日光東照宮相同。

☎0536-35-1176　🏠愛知県新城市門谷鳳來寺4　🚶鳳來寺步行5分

範例行程

上午
自小小的石碑與歷經歲月的堂宇一窺昔日榮華
沿著通往本堂的1425階石梯一步步往上爬，還可一邊遙想古往今來曾來造訪的參拜者們。抵達本堂後，對自己腳力有自信的人不妨繼續往山頂邁進。

下午
沉浸在參拜的回憶中，療癒登山後疲憊的身體
造訪鳳來山東照宮後，前往擁有1300年歷史的溫泉鄉湯谷溫泉。可以下榻一晚慢慢享受，或是純泡湯當天往返也行。

鳳來寺山▲

0　　300m

N

鳳來寺
卍

　　　　鳳來山
　　　　東照宮
醫王院卍

傘杉・卍松高院

仁王門　　　　鳳來寺山山頂

真增寺卍　　　　　　　　　　　　湯谷溫泉

鳳來寺山自然科學博物館●

卍賢居院

441

おかめ茶屋
鳳來寺

本長篠站

🏨住宿資訊　湯谷溫泉鄉相傳由利修仙人所發現。鳳來峽沿岸溫泉旅館林立，可邊飽覽大自然景致邊享受泡湯樂。

彷彿緊貼著陡峭的山壁
顯眼的朱紅色觀音堂

釋尊寺（布引觀音）
●しゃくそんじ（ぬのびきかんのん）

長野縣
小諸市

布引岩山頂上的白色岩壁
是老婆婆想要追討回來的白布

　　座落於千曲川旁、布引山急峻岩壁下方的深邃溪谷。別名為布引觀音，「被牛引至善光寺參拜」的知名布引傳說就是出自這裡。根據寺史記載724（神龜元）年由僧侶行基開山，1548（天文17）年遭武田信玄入侵、1723（享保8）年遇森林大火，寺院兩度被燒毀。現存建物的大半，皆由江戶後期由小諸藩主牧野康明所重建。塗上朱漆的懸造樣式觀音堂，宛如緊緊依附在岩山斷崖上般。通往寺院的參道雖是險峻山徑，但不妨時而停下腳步小歇片刻欣賞石佛、奇岩和風穴等景觀。

宗派 天台宗
御本尊 聖觀世音菩薩

Keyword

▶善光寺 地處長野縣長野市。創設於日本佛教尚未區分宗派之前，因此被歸類為無宗派，以阿彌陀如來為本尊。

▶被牛引至善光寺參拜 化身為牛的觀音菩薩將貪得無厭、不信神的老婆婆一路引至善光寺，最後讓她反省懺悔的傳說。

參拜重點 \Check!!/

絕不可錯過觀音堂內的「宮殿」！
由於安置在觀音堂內的岩屋，因此得以免於祝融之災。還保留有1258（正嘉2）年的上樑記牌，可從細部設計中一窺鎌倉時代的風格。已被指定為重要文化財。

[TEL]0267-22-1234（小諸市觀光協會）
[所在地]長野縣小諸市大久保2250
[交通]JR／信濃鐵道·小諸站搭計程車10分，參道入口下車步行15分
[時間]〔休〕〔費用〕境內自由參觀

1 觀音堂建於垂直聳立的斷崖絕壁上，為鎌倉時代的懸造樣式建築。堂內置有被稱為宮殿的佛殿造型佛龕，已被指定為重要文化財
2 須穿越岩山洞窟前進的觀音堂參道
3 由觀音堂所眺望的布引溪谷。春天可賞櫻花，秋天則為紅葉名勝

順道一遊

小諸城址懷古園 こもろじょうしかいこえん

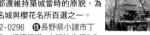

擁有罕見穴城樣式的小諸城址，大手門、石垣都還維持築城當時的原貌。為日本百選名城與櫻花名所百選之一。
☎0267-22-0296 ⊕長野県小諸市丁311 ✆JR／信濃鐵道・小諸站步行3分

範例行程

上山路段距離較短但坡度陡急，請放慢腳步

上午 參道的入口被樹林覆蓋，因此尋找不易，可將寫有布引山觀音的石碑當成辨識路標。走到寺院需15分鐘，若要至觀音堂則再多3分鐘。

下午 前往小諸探訪與島崎藤村有淵源的景點
用過午餐後，到小諸城址懷古園、藤村紀念館和千曲川觀光。還可造訪與島崎藤村有關的酒廠和餐廳。

上田菅平IC　小諸IC
上信越自動車道
碓冰輕井澤IC
上田站
MANNS WINES
小諸釀酒廠
信濃鐵道
18
釋尊寺參道入口
小諸城址懷古園
釋尊寺（布引觀音）
141
小諸グランドキャッスルホテル
あぐりの湯こもろ
藤村紀念館
小諸市動物園
輕井澤站
愛宕山紀念公園
N
0　　500m
南城公園

🏮 **住宿資訊**　小諸市內就有溫泉散佈在各地，選擇性很廣。住宿設施涵蓋各種類型，有民宿、別墅、旅館和飯店。

不禁讓人雙腿發軟的陡坡
往後看即遼闊的讚岐平原
出釋迦寺
● しゅっしゃかじ

香川縣
善通寺市

矗立於香川縣五岳連山的中央
流傳弘法大師事蹟的傳說之山

　　與弘法大師空海淵源深厚的寺院，亦為四國靈場第73號札所。相傳弘法大師7歲的時候，發願「欲入佛道、救濟眾生，若能如願則請釋迦如來現身，若不能則願捨身供養」後縱身跳入岩山之際，釋迦如來和天女現身接住了弘法大師實現了他的願望。弘法大師抱著感激之情，將山取名為我拜師山，並於山腰處建造了出釋迦寺。本堂和札所原本設在如今奧之院的位置，但現在已遷移至山麓。從奧之院再往上走，即弘法大師縱躍投身的捨身之嶽。

宗派 真言宗御室派
御本尊 釋迦如來

Keyword

▶我拜師山 聳立於香川縣善通寺市西方的山岳，海拔481m。幾近垂直角度的南斜坡，以前曾是修驗道的修行道場。

▶縣木檜木 參道上有棵被指定為香川縣保存木的御神木，樹幹周長3.3m、高16.8m。

參拜重點 \Check!!/

奧之院後方為地勢險峻的捨身之嶽修行場
行經奧之院後就是陡峭的岩山捨身之嶽。立有名為目治筆彫不動尊的雕像，傳言是被弘法大師治癒眼疾的石匠之作。

[TEL]0877-63-0073　[所在地]香川県善通寺市吉原町1091
[交通]JR善通寺站搭計程車到本堂10分，從本堂步行至奧之院50分(參拜奧之院須聯絡納經所，可乘車進入)
[時間]7：00～17：00　[休]無休　[費用]免費
[URL]www.shushakaji.jp

　重要祭典　7月下旬 小黃瓜加持 源於弘法大師以小黃瓜驅除病疫，之後演變為祈求除病。

斷崖絕壁上的寺院　出釋迦寺

1 奧之院山門與奧之院之間為石板路參道。奧之院從前是本堂的所在地，如今則佇立著根本中堂。面向奧之院的右側岩山即捨身之嶽
2 登上地勢急峻的捨身之嶽，可於山頂見到護摩壇和稚兒大師像
3 有兩棟相仿的建築物並列，左為本堂、右為大師堂。目前的本堂為1774(天明4)年的重建之物

總本山善通寺　そうほんざんぜんつうじ

真言宗善通寺派的總本山，亦為弘法大師的三大靈跡之一。東西兩側各有一座宏偉的伽藍，也有許多重要文化財等寶物。

☎0877-62-0111　🏠香川縣善通寺市善通寺町3-3-1　🚉JR善通寺站步行20分

範例行程

上午　首先登上奧院，挑戰一下腳力

參拜本堂、大師堂祈求登山安全。到奧之院、奧之院山門雖然車輛也可通行，但還是建議徒步前往。若要造訪捨身之嶽，須考量自己的腳力。

下午　探訪與弘法大師息息相關的寺院

午餐就享用香川的名產讚岐烏龍麵，接著前往弘法大師的誕生地總本山善通寺、四國八十八所靈場的周邊札所參觀。

（地圖）
N　0　800m　高松自動車道
多度津站　善通寺IC　坂出Jct
甲山寺
善通寺站
川之江Jct　十鄉線
卍曼荼羅寺　▲筆之山　卍總本山善通寺　琴平站
乃木資料館
🈂出釋迦寺
我拜師山（捨身之嶽）
●奧院　🈂出雲神社　●王墓山古墳公園
須賀神社 🈂

住宿資訊　善通寺市內有飯店可供選擇，但數量不多。總本山善通寺的宿坊備有溫泉，也很推薦隔壁琴平站的住宿設施。

前往歷史悠久、靈驗非凡的三大聖地參拜

日本三大靈山

到山上的宗教都市一窺真言密教的精髓

▌高野山 金剛峯寺
こうやさん こんごうぶじ

816（弘仁7）年由弘法大師開創的真言密教聖地。8座山巒環繞的整個山域皆屬於寺院境內，雖以高野山相稱但並非山名。金剛峯寺之名原本指的是整座山，但明治時代以後變成寺院的名稱。高野山的本堂為壇上伽藍中的金堂，四周還有根本大塔等真言密教的重要堂宇和塔樓。奧之院與壇上伽藍並列為高野山信仰的核心，也是弘法大師的圓寂之地。

[宗派] 高野山真言宗

[御本尊] 藥師如來

[TEL]0736-56-2011　[所在地]和歌山縣伊都郡高野町高野山132　[交通]高野山纜車・高野山站搭往奧之院方向的南海林間巴士11分，金剛峯寺前下車即到
[時間]8：30～17：00，奧之院可自由參拜　[休]無休
[費用]根本大塔、金堂200日圓，金剛峯寺堂內500日圓（山內套票2000日圓）　[URL]www.koyasan.or.jp

金剛峯寺的主殿。於1863（文久3）年重建，規模宏大幅寬高達60m

弘法大師的御廟位於長約2km的奧之院參道盡頭

根本大塔是真言密教根本道場的代表性象徵。目前的建築重建於1937（昭和12）年，堂內的立體曼荼羅相當吸睛

本篇中所謂的靈山指的是佛教的聖地。
弘法大師（空海）創立的真言宗高野山、傳教大師（最澄）開山的天台宗比叡山，
以及亡者魂歸之處的恐山，為眾所皆知的日本三大靈山。

奠定日本佛教基礎的聖地

‖比叡山 延曆寺
ひえいざん えんりゃくじ

海拔848m的比叡山矗立於京都與滋賀縣境。
整座比叡山皆屬於境內，名為延曆寺。開山祖
師為傳教大師最澄，788（延曆7）年創建了
一乘止觀院。境內有近150座堂塔散佈其間，
共分成三大區：擁有根本中堂等主要建物的東
塔、佇立釋迦堂等堂宇的山林修行道場西塔，
以及由慈覺大師圓仁興建的橫川。日本佛教各
宗各派的高僧輩出。

宗派 天台宗
御本尊 藥師如來

[TEL]077-578-0001　[所在地]滋賀縣大津市
坂本本町4220　[交通]坂本纜車·延曆寺站到延曆寺
巴士中心（東塔區）步行8分
[時間]8:30～16:30(1、2月9:00～16:30、12月
9:00～16:00)　[休]無休　[費用]巡拜券(3塔區套
票)700日圓　[URL]www.hieizan.or.jp

各區的中心堂稱做中堂。根本中
堂為東塔的中堂，亦是延曆寺的總
本堂。現在的建築物為1642（寬
永19）年重建(上)

橫川中堂即橫川區的本堂。與清水
寺同為懸造樣式，看起來彷彿漂浮
在船上般。昭和年代重建時塗上的
朱漆鮮明顯眼，本尊為聖觀音菩薩
(左)

死者魂魄聚集的北方靈場

‖恐山 菩提寺
おそれざん ぼだいじ

862（貞觀4）年由最澄的弟子慈覺大師圓仁
創建。恐山是位於下北半島中央部、宇曾利湖
周圍群山的總稱，並非單獨一座的山名。從菩
提寺到宇曾利湖的沿路上到處可見裸露的火山
岩，空氣中瀰漫著硫磺的臭味宛如荒涼的地獄
風景，但走到宇曾利湖後眼前即一片美麗白砂
的極樂濱。每逢恐山大祭、恐山秋祭時，現場
還會有潮來巫女舉行通靈儀式。

宗派 曹洞宗
御本尊 地藏菩薩

[TEL]0175-22-3825　[所在地]青森縣陸奧市
田名部字曾利山3-2　[交通]JR下北站搭往恐山方向
的下北交通巴士45分，終點站下車即到
[時間]6:00～18:00(大祭典、秋季參拜期間會有變動)
[休]11～4月　[費用]入山費500日圓

雙層結構的壯麗山門。穿越後即石
燈籠一路綿延的參道，走到底就是
安置本尊的地藏殿(上)。祭典期間參道
旁會有潮來巫女聚集

火山口湖宇曾利湖位於海拔214m
處，面積2.5k㎡、周長約12.5km。
由水質屬於強酸性，因此幾乎沒
有生物棲息(右)

奈良縣
斑鳩町

展現飛鳥時代的佛教文化
世界最古老的木造建築群

法隆寺
●ほうりゅうじ

相當於西院伽藍入口的中門以及聳立
於前方的五重塔，皆已指定為國寶

1 越往上層尺寸越小的結構以及頂部向上延伸的輪，讓五重塔兼具高聳入雲的震撼力與穩定感
2 為緬懷聖德太子而建的夢殿，八角形堂宇的中央安置著秘佛救世觀音像
3 日本現存最古的金剛力士像，佇立於中門兩側守護著寺院

由聖德太子創建造的古剎
聳立著日本最古老的五重塔

607（推古天皇15）年聖德太子為祈求用明天皇病癒而創建，670（天智天皇9）年遭大火燒毀，目前的伽藍是7世紀末～8世紀初的重建之物。擁有全世界歷史最悠久的木造建築群和佛像、寶物等共計2300餘件，其中光國寶、重要文化財就有近190件，亦為日本第一座登錄為世界遺產的佛寺。

國寶五重塔以日本最古老的五重塔遠近馳名。高約31.5m（基壇上），特徵是越往上層屋頂就越小。內部安置著描繪佛教著名場景的塑像群。

Keyword

▶**聖德太子** 擔任推古天皇的攝政。篤信佛教，知名的「十七條憲法」也受到佛教精神的深廣影響。
▶**塑像** 以黏土塑造的作品。五重塔內的塑像群已列為國寶，其中又以描繪悲嘆釋迦入滅（往生）的弟子群像最有名。

| 宗派 | 聖德宗 |
| 御本尊 | 釋迦三尊 |

參拜重點 \\Check!!/

邊逛邊尋找境內的「法隆寺七大不思議」
傳說法隆寺有七大不思議，五重塔頂部的相輪插有4把鎌刀、南大門前有塊稱為鯛石的大石，以及蜘蛛不結網、青蛙都是獨眼等奇妙的傳說。

參拜建議

以「日本首座世界文化遺產」聞名迢邐遐邇。眼前所及盡是號稱世界最古老、日本最初、國內唯一……，但背後的真正價值卻不太為人所知。不妨出聲詢問一下導覽人員，我們可以提供大家更加鉅靡遐遍的詳細解說。

斑鳩之鄉觀光志工
入矢 啓先生

[TEL]0745-75-2555　[所在地]奈良縣生駒郡斑鳩町法隆寺山內1-1　[交通]JR法隆寺站搭NC巴士8分，法隆寺門前下車即到　[時間]8：00～17：00(11月4日～2月21日～16：30)　[休]無休　[費用]境內自由參觀，西院伽藍內、大寶藏院、東院伽藍內的套票1500日圓
[URL]www.horyuji.or.jp

重要祭典 4月11日～5月18日／10月22日～11月23日 **夢殿本尊特別開扉** 每年於春秋兩季，會開放參觀夢殿的秘佛救世觀音立像。

斑鳩儲水池

大和郡山 ♨

菅原神社 ♙

• 三井瓦窯跡

法起寺前 🚌

卍 法輪寺

卍 法起寺

貴重佛像就近在眼前
法輪寺
ほうりんじ

相傳是聖德太子之子山背大兄王為祈求父親病癒而建，能近距離觀賞本尊藥師如來坐像等眾多飛鳥～平安時期的佛像。

📞0745-75-2686 🏠奈良県生駒郡斑鳩町三井1570 🚌奈良交通巴士・中宮寺前下車步行15分

中宮寺宮墓•

斑鳩神社 ♙

末期曾挖掘出兩具人隨葬品而引起話題，附近的斑鳩文化財中觀賞複製品

法隆寺

卍 中宮寺

賢聖院• •夢殿

五重塔• •金堂
西福寺 卍 　中門
卍 彌勒院

大明神 ♙

• 藤之木古墳

法隆寺門前 🚌

的鎮守社，相傳聖太子創建法隆寺時曾得大明神的神諭

• 斑鳩文化中心

卍 浄591寺
斑鳩町公所○

法隆寺前 🚌

俗稱「猝死寺」，據說只要接受祈禱儀式，就能毫無痛苦地平靜往生

♙伊弉冊命神社

吉田寺

安奉著美麗佛像的日本最古老尼寺
中宮寺
ちゅうぐうじ

緊鄰法隆寺夢殿的寺院。國寶菩薩半跏像與蒙娜麗莎、斯芬克斯並列為「世界三大微笑像」，臉上洋溢著溫和優雅的笑容。

📞0745-75-2106 🏠奈良県生駒郡斑鳩町法隆寺北1-1-2 🚌奈良交通巴士・中宮寺前下車步行5分

願隨寺

N
0　　　200m

佇立於悠閒的田園間
法起寺
ほうきじ

708（慶雲3）年由聖德太子之子山背大兄王創建，是日本歷史最悠久的三重塔。寺院周邊種滿了波斯菊，每逢秋天即綻放成一片花海

📞0745-75-5559 🏠奈良県生駒郡斑鳩町岡本1873 🚌奈良交通巴士・法起寺前下車即到

上宮遺跡公園•

成福寺 卍

法隆寺
國際高 ⊗

由奈良時代的建物遺跡規劃的上宮遺跡公園，稱德天皇曾下榻過的夢幻離宮「飽波宮」的遺構也在其中之列

富雄川

法隆寺門前的參道上有餐廳和特產店，參拜後若要用午餐，不妨來這兒

•中宮寺前

法隆寺前

西念寺 卍

♨
奈良
站

Column
絲路的東方終點站「奈良」

絲路是連結歐洲與亞洲的貿易路線，而東端的終點站即奈良。佛教也是經由絲路從印度傳入奈良，從幅員遼闊的亞洲各地遠渡而來的佛教美術在奈良開花結果，成為名符其實的佛教美術寶庫。

法隆寺站

關西本線（大和路線）

王寺站

いかるがホール

範例行程

以參拜法隆寺為主，周邊景點為輔

上午 途中可以逛一下藤之木古墳，接著到法隆寺細細品味參觀。造訪一旁的中宮寺後，返回法隆寺門前吃個午餐小歇片刻，再起身至巴士站。

邊享受田園大自然邊巡訪古剎

下午 搭巴士前往法輪寺，參拜後可沉浸在綠意盎然的田園景色，邊漫步至法起寺。接著再搭巴士前往龍田神社和吉田寺參觀。

法隆寺IC

從優美的五重塔和佛像
一窺女人高野的神秘面紗
室生寺
●むろうじ

奈良縣
宇陀市

在深山室生繽紛四季的襯托下
外觀精緻小巧的五重塔

　　由興福寺（➡P.178）的僧侶賢璟所創設，還邀請法相宗、天台宗、真言宗等各宗派的高僧前來修行。地處深山的緣故，使得密教色彩逐漸濃厚，也開放讓女性進入道場參拜。由於遠離都城，得以倖免於被當成火攻的目標，因此成為密教美術的寶庫。高約16.1m，為日本規模最小的戶外五重塔，仰望時座塔可完全進入視線的範圍內。高度不高、屋頂的規模卻很大，而且傾斜角度很小。檜皮葺屋頂特有的美麗曲線、白壁朱漆交錯的塔樓，與周圍的杉木林完美融和成一體。

宗派 真言宗室生寺派
御本尊 如意輪觀音

Keyword

▶密教美術 根據密教教義描繪的曼荼羅以及佛像、繪畫等的總稱，隨著弘法大師等人的活躍在日本開花結果。

▶檜皮葺・柿葺 日本獨特的傳統屋頂建築工法。檜皮即檜木的樹皮，柿指的是2〜3mm的木片。

參拜重點　\Check!!/

安置眾多國寶和重要文化財的貴重佛像
除了金堂內被指定為國寶與重要文化財的釋迦如來立像、地藏觀音菩薩立像之外，彌勒堂和本堂也能欣賞到密教美術的雕像。

[TEL]0745-93-2003　[所在地]奈良県宇陀市室生78
[交通]近鐵・室生口大野站搭往室生寺方向的奈良交通巴士14分，終點站下車步行5分　[時間]8:30（櫻花、石楠花、紅葉季節8:00）〜17:00 12〜3月9:00〜16:00
[休]無休　[費用]600日圓（特別參拜期間需另付400日圓）
[URL]www.murouji.or.jp

重要祭典 10月下旬〜11月 金堂特別參拜 可從平常禁止入內的金堂外陣特別參拜佛像，是能近距離觀賞國寶和重要文化財佛像的絕佳機會。

■1 從本堂旁的石階走到頂就能看到優美的五重塔。綻放在石階兩側的櫻花、石楠花等花卉，讓樸素典雅的五重塔更增添一抹華麗色彩
■2 擁有柿葺屋頂的金堂，是江戶時代由懸造樣式的禮堂增建而成
■3 越過太鼓橋後即表門，前方立有「女人高野室生寺」的地標石碑

順道一遊
大野寺 おおのじ

為室生寺的末寺，以枝垂櫻和對岸岩壁上雕刻的彌勒磨崖佛聞名。其中也有樹齡已餘300年的枝垂櫻古木。

☎0745-92-2220 　🏠奈良縣宇陀市室生大野1680　🚌近鐵‧室生口大野站步行5分

範例行程

上午
早上先到室生寺慢慢參觀
從室生口大野站搭往室生寺的路線巴士，僅於9～11時和13～16時每小時1班。由於室生寺蓋在斜坡上，因此境內階梯很多。

下午
造訪周邊名剎、古剎的花景
到室生寺門前的餐廳享用午餐。午後返回室生口大野站的途中可順路參拜大野寺。時間允許的話，不妨再到以花寺著稱的長谷寺逛逛。

名張站
室生口大野站　近鐵大阪線
花之鄉瀧谷 花菖蒲園
瀧谷川
宇陀川
大野寺卍
165
榛原站／長谷寺站
室生湖
室生川
28
深谷川
室生山上公園藝術之森
卍室生寺
N
0　　800m
橋本屋
開 室生龍穴神社

京都府
京都市

悠然佇立於佛塔背後的醍醐山
邂逅平安時代的昔日風景

醍醐寺
●だいごじ

春天來訪時五重塔也會染上一層櫻色，豐臣秀吉曾在此舉辦「醍醐賞花會」而成為賞櫻名勝

1 靈寶館附近的枝垂櫻樹齡已180
餘年。巨木枝繁茂盛並向外延展擴
張，盛開時極為壯觀
2 用來迎接朝廷使者的三寶院唐門
3 金堂內安置著本尊藥師如來坐像
4 高大宏偉的五重塔。彷彿直達天
際的相輪也很吸睛，長度約佔整座
塔高度的三分之一

山上山下都有伽藍的大寺院
名列京都17座世界遺產之一

　　9世紀後半由聖寶在醍醐山頂所開創的寺院，為真
言宗醍醐派的總本山。平安前期的醍醐、朱雀、村
上等三位天皇都曾在此皈依，並擴展成山頂的上醍
醐伽藍與山麓的下醍醐伽藍。於應仁之亂中毀壞荒
廢，之後在豐臣秀吉出資支助下復原重建。

　　矗立在下醍醐伽藍的五重塔建於951（天曆5）
年，是京都府最古的木造建築。越往上層屋頂越小
的五重塔為少見的平安樣式，堂內壁面上則有兩界
曼荼羅圖等密教繪畫。每逢春天來臨，五重塔與櫻
花交相映襯更是美不勝收。

Keyword

▶**聖寶** 832（天長9）年～909（延喜9）年。為真言宗的僧
侶，師事弘法大師之弟真雅。後世稱之為理源大師。

▶**兩界曼荼羅** 在以圖呈現密教義與真理的曼荼羅當中，
「胎藏界曼荼羅」和「金剛界曼荼羅」兩曼荼羅的總稱。

| 宗派 | 真言宗醍醐派 |
| 御本尊 | 藥師三尊 |

參拜建議

首先造訪醍醐寺的塔頭三寶
院，內有豐臣秀吉精心打造
的庭園。佇立在中央的「藤
戶石」背後有個悲哀的傳
說：其曾於掌權者之間輾
轉，最終才落腳在三寶院的
庭園，請一定要去瞧瞧。參
拜三寶院後，再前往五重塔
聳立的下醍醐伽藍。

京都史蹟
導覽志工協會
工作人員 細田 茂樹先生

[TEL]075-571-0002 [所在地]京都府京都市伏見区醍醐
東大路町22 [交通]地下鐵‧醍醐站步行10分
[時間]9：00～17：00（12月第1週日的翌日～2月～16：00）
[休]無休 [費用]三寶院、伽藍、靈寶館各600日圓（2場館
套票1000日圓、3場館套票1500日圓）、上醍醐600日圓
[URL] www.daigoji.or.jp

在典雅美麗的平安庭園欣賞四季花景

勸修寺
かじゅうじ

900（昌泰3）年醍醐天皇為弔慰生母藤原胤子而創建。以冰室池為中心的庭園內栽種了櫻花、睡蓮、燕子花、花菖蒲等，從春天到夏天都有美麗花朵綻放，吸引參拜客的目光。

📞075-571-0048　🏠京都府京都市山科區勸修寺仁王堂町27-6　🚃地下鐵・小野站步行6分

紅梅綻放惹人憐愛、與小野小町有淵源之寺

隨心院
ずいしんいん　➡P.30

座落於六歌仙之一的絕世美女小野小町的宅邸遺跡，還保留著小町井戶、文塚等相關遺構。院內的紅梅也相當有名，自古就以「唐棣」之名廣為眾人熟知。

📞075-571-0025　🏠京都府京都市山科區小野御靈町35　🚃地下鐵・小野站步行5分

擁有美麗五重塔的寺院　醍醐寺

地圖標示

- 🏠山科站
- 卍西念寺
- 卍勸修寺
- 小野站
- 外環狀線
- 🎌宮道神社
- 卍西向寺
- 大乘院卍
- 隨心院卍
- 醍醐天皇長眠的後山科稜。由於陵墓座落於醍醐，因此後世暱稱為醍醐天皇陵
- 醍醐天皇陵
- 京菓子司 山科わかさ屋
- 以咖啡香氣濃郁的麻糬和豆沙，再加上滿滿鮮奶油內餡的咖啡大福著稱
- ⊗北醍醐小
- ⊗東稜高
- 一音寺卍
- 西方寺卍
- 36
- 奈良街道
- 醍醐道
- 地下鐵東西線
- 南昌院卍
- ⊗京都朝鮮初級学校
- 栗栖神宮🎌
- パセオ・ダイゴロー 西館● ●東館
- 醍醐站
- 🎌長尾天滿宮
- 理性院●
- 三寶院●
- 朱雀天皇醍醐陵
- 從下醍醐徒步到上醍醐約需1小時。路況並不太差，但還是建議穿雙舒服好走的鞋
- 能吃到以醍醐寺傳統烹調手法為基礎的醐山料理，以及使用時令食材搭配的素齋料理等
- 醐山料理 雨月茶屋
- 醍醐小
- 五重塔
- 卍傳法學院
- 女人堂●
- **醍醐寺** 卍
- 🚏六地藏站
- N　200m
- ➔上醍醐

Column
醍醐的地名由來即「醍醐味」一詞

醍醐原本是佛教用語，意指高營養價值的牛羊乳製品，甘醇濃郁的口感就叫做「醍醐味」。醍醐寺的名稱為聖寶大師造訪醍醐山之際，遇到地主神以「真是醍醐味啊」形容山上的湧水而來，之後從該寺名又衍生出醍醐的地名。

範例行程

上午
從下醍醐到上醍醐，中午享用醐山料理
參觀醍醐寺的塔頭三寶院，接著前往下醍醐伽藍，最後再將腳程拉到上醍醐。下山後可至境內的雨月茶屋品嘗醐山料理。

下午
以悠閒漫步的氣氛遊逛醍醐的寺院
以悠閒漫步的氣氛遊逛，從醍醐寺一路巡訪隨心院、勸修寺，以醍醐寺為起點約2km。若走累了，也可搭乘京阪巴士前往目的地。

五重塔與佛像的目光視線
一路見證藤原氏的榮華鼎盛

興福寺
●こうふくじ

奈良縣
奈良市

由佛像鎮守四方的奈良象徵
古老傳統樣式的五重塔

　　藤原氏的家寺，也是法相宗的大本山。前身為藤原鎌足的夫人所興建的山階寺，之後移至廐坂，遷都時藤原不比等又將寺院遷移至現址並改名為興福寺。為彰顯藤原氏的權勢而選擇座落在平城京的外京區，矗立於台地上的五重塔從任何角度都能清楚望見。高約50m，僅次於東寺（➡P.180）的五重塔。曾五度遇祝融之災，現存塔樓為室町時代的重建之物，屋簷的深度等細節還保留著奈良時代的風格特徵。值得一提的是，雖歷經多次火災但多數佛像都逃過一劫，其中最具代表的就是阿修羅像。

宗派 法相宗
御本尊 釋迦如來

Keyword

▶藤原不比等 659(齊明5)年～720(養老4)年，藤原鎌足的次子。在妻子橘三千代的協助下與朝廷的關係深厚，並掌握權力。

▶八部眾像 守護興福寺西金堂本尊的眷屬立像，其中一尊即阿修羅像。運用乾漆造的技法，每張臉都有不同表情為其特徵。

參拜重點 ＼Check!!／

安置「阿修羅像」的國寶館也是必訪景點

收藏、展示倖免於火災的眾多佛像以及曼荼羅、經文等。當中有許多皆為國寶和重要文化財，如本尊的十一面觀音像、包含阿修羅像在內的八部眾像、十大弟子像等不勝枚舉。

[TEL]0742-22-7755　　[所在地]奈良県奈良市登大路町48
[交通]近鐵奈良站步行5分
[時間]境内自由參觀，東金堂、國寶館9：00～17：00
（受理～16：45）　　[休]無休
[費用]東金堂300日圓、國寶館600日圓，東金堂與國寶館的套票800日圓　　[URL]www.kohfukuji.com

重要祭典　5月中旬 薪御能 起源可追溯至869（貞觀11）年，於興福寺南大門跡的草坪搭建戶外舞台並在篝火映照下表演能劇。

1 隔著猿澤池眺望興福寺的五重塔，水池北端有延伸至興福寺的階梯。在近1300年的歲月，池面映照著不同韻味的五重塔風采
2 國寶東金堂始建於726（神龜3）年，如今的建物為室町時代重建
3 北圓堂亦為國寶，現在看到的是鎌倉時代的重建之物。為興福寺境內現存最古老的建築

順道一遊
名勝舊大乘院庭園 めいしょうきゅうだいじょういんていえん

大乘院為興福寺的門跡寺院，與佛寺同樣創建於1087（寬治元）年的庭園屢遭火災摧毀，室町時代時由善阿彌父子改建。
☎0742-24-0808 　🏠奈良縣奈良市高畑町1083-1 　🚌奈良交通巴士・奈良ホテル下車即到

範例行程

上午 ■ 首先到猿澤池欣賞五重塔的景致
由猿澤池南端眺望到的興福寺五重塔，是最具奈良特色的風景之一。從猿澤池東端往興福寺的階梯而上即由南大門跡，可當成參觀的起點。

下午 ■ 造訪與興福寺並列兩大佛寺的東大寺
用過午餐後，可一路散步至東大寺（➡P.84）。從聖武天皇和藤原氏所屬寺院的堂宇、佛像遙想兩人過往的榮華光景，也相當有意思。

平安時代以來持續守護京都
威風凜凜的五重塔英姿

東寺(教王護國寺)

●とうじ(きょうおうごこくじ)

京都府
京都市

世界聞名的古都京都地標
一窺傳統之美與日本精神

796（延曆15）年桓武天皇於遷都平安京之際創建的寺院，之後嵯峨天皇將寺院託付給弘法大師空海並成為日本第一座密教寺院。是唯一僅存的平安京遺構，也已經登錄為世界遺產。約55m的五重塔為日本最高的木造建築，曾四度遭遇火災燒毀又重建復原，至今依舊保有當時的風采。春天的五重塔被櫻花點綴得格外繽紛，呈現出完全不一樣的美感。境內林立著平安遷都時興建的金堂等國寶建築，安置在講堂內的立體曼荼羅也十分壯觀，都是不容錯過的參觀焦點。

宗派 真言宗
御本尊 藥師如來

Keyword

▶**弘法大師空海** 遠赴唐朝學習密教後致力於弘揚教義。曾開設日本第一所私人學校，對於一般民眾的教育也不遺餘力。

▶**立體曼荼羅** 將密教教義具體化之物，通稱為羯磨曼荼羅。以大日如來為中心，總共有21尊佛像。

參拜重點 Check!!

每月21日舉辦的「弘法市」
為緬懷弘法大師的恩澤，於每月21日的月忌日所舉辦的市集。會聚集許多攤販，從古董、日用品、植物到食品類應有盡有。

[TEL]075-691-3325 [所在地]京都府京都市南区九条町1
[交通]京都站步行15分
[時間]8:00～17:00(參拜金堂・講堂)
春秋兩季的特別公開期間和點燈期間會有變動
[休]無休 [費用]境內自由參觀，金堂、講堂500日圓
[URL]www.toji.or.jp

重要祭典 1月8～14日 **後七日御修法** 真言宗最重要的儀式。連續7天於灌頂院祈禱國泰民安與國運昌隆，14日灌頂院會開放參觀。

1 境內能欣賞到枝垂櫻、染井吉野櫻等美麗的櫻花樹海。東寺搭配樹齡130餘年、鮮豔奪目的不二櫻所營造出的畫面，更是別有一番風韻
2 金堂內安置著本尊藥師如來，以求新都城長治久安
3 被暱稱為「弘法桑」的弘法市集，總有絡繹不絕的當地人和觀光客

順道一遊

京都水族館 きょうとすいぞくかん

日本首座完全使用人工海水的水族館。
主題多元豐富，共分成12大展區，各種
體驗活動也都很受歡迎。

📞075-354-3130 🏠京都府京都市下京
区観喜寺町35-1(梅小路公園内) 🚉京都站步行15分

範例行程

盡情欣賞世界遺產東寺

上午 建議放慢腳步悠閒遊逛景點眾多的東寺。境內不
僅有國寶建築物，也收藏許多寺院寶物，能一次
飽覽密教美術的精華。

沐浴在大自然中，讓身心煥然一新

下午 午後造訪梅小路公園，到朱雀之庭、生命之森感
受大自然的療癒力量。公園內還有京都水族館，
下雨天也能玩得盡興。

東寺（教王護國寺）

佛教歷史與民間交流營造出的獨特世界觀

充滿異國風情的寺院

古代印度風格的大伽藍

▌築地本願寺
つきじほんがんじ

築地本願寺於2014（平成26）年獲指定為國家重要文化財，淨土真宗寺院樣式的美麗內部空間與仿古代印度佛教樣式的外觀完美融合為一。如印度石造寺院般的莊嚴殿堂，出自建築師伊東忠太之手。寺院於1934（昭和9）年落成，活用過往在明曆大火、關東大地震中的受災經驗，大量使用鋼筋混凝土和花崗岩建材以提升耐災能力。

宗派 淨土真宗本願寺派

御本尊 阿彌陀如來

[TEL]03-3541-1131
[所在地]東京都中央区築地3-15-1
[交通]地下鐵・築地站下車即到
[時間]6:00～17:30(10～3月～17:00)
[休]無休　[費用]免費
[URL]tsukijihongwanji.jp

建物內部的外陣空間比本堂內陣來得寬廣，為淨土真宗獨特的寺院樣式

到處可見別具巧思的神聖動物雕飾，建構出佛教故事的世界

從外觀能見到以菩提樹葉為主題的半圓形屋頂、蓮花圖案等設計元素，石造建築的氛圍讓人彷彿置身於古代印度的石窟寺院

行至郊區突然現身眼前的樣式獨特泰國佛寺、紅漆外觀的中國風寺院等，
各地都有與「和風」佛教建築完全迥異的異國風情寺院，
有機會不妨造訪一下各式各樣信仰文化交錯的特色寺院。

日本首座泰國寺院

巴南寺日本別院
ワット・バクナムにほんべついん

成田市郊外有棟格外顯眼的建築物，為日本
第一座正統的泰國佛寺。設立於1998（平成
10）年，2005年泰國佛教特有的絢麗豪華本
堂落成，成為在日泰國人與信眾們的心靈依
靠。在泰國大使館的協助下，也積極舉辦各項
國際交流活動，如泰式按摩教學、泰國料理講
習等。

宗派 小乘佛教(泰國佛教)
御本尊 釋迦牟尼佛

[所在地]千葉縣成田市中野294-1
[交通]JR成田站／京成成田站搭計程車30分
[時間][休][費用]境內自由參觀
[URL]www.pakunamu.com

除佔地2000坪的本堂外，還備
有稱為SALA的休息所兼大食
堂、住宿設施等，以及一座泰
國風格的庭園（上）

位於曼谷的本院以精緻的天井
畫著稱，日本別院本堂內的精
細雕刻和迫力十足的壁畫也很
吸睛。正面安置著本尊釋迦牟
尼佛坐像（左）

猶如龍宮般的中國風寺院

崇福寺
そうふくじ

建於1629（寬永6）年的明朝末期樣式寺
院。除了第一峰門與大雄寶殿已列為國寶外，
其他還有5棟國家指定重要文化財、4棟縣指
定有形文化財、10棟市指定有形文化財，簡
直可以說是文化財的寶庫。本尊為釋迦如來，
另外為了保祐長崎與明朝貿易往來商人們的航
海安全，還設置了祭祀海洋守護神媽祖的媽祖
堂，是其一大特色。

宗派 黃檗宗
御本尊 釋迦如來

[TEL]095-823-2645
[所在地]長崎縣長崎市鍛冶屋町7-5
[[交通]路面電車·正覺寺下站步行3分
[時間]8：00～17：00
[休]無休 [費用]300日圓

國寶之一的大雄寶殿是長崎現
存最古老的建物，屋檐下方附
花樣裝飾的垂花柱相當罕見
（上）

以龍造造樣式聞名的三門為國
家指定重要文化財。在祭祀亡
者靈魂的中元節時會掛上黃
色、紅色的燈籠，更添添華麗
的氛圍（右）

奧州藤原氏的烏托邦
象徵極樂淨土的典雅庭園

毛越寺
●もうつうじ

岩手縣
平泉町

大泉池就座落在淨土庭園的中心。
為以淨土思想為基礎概念的平泉遺
跡群之一，已登錄為世界遺產

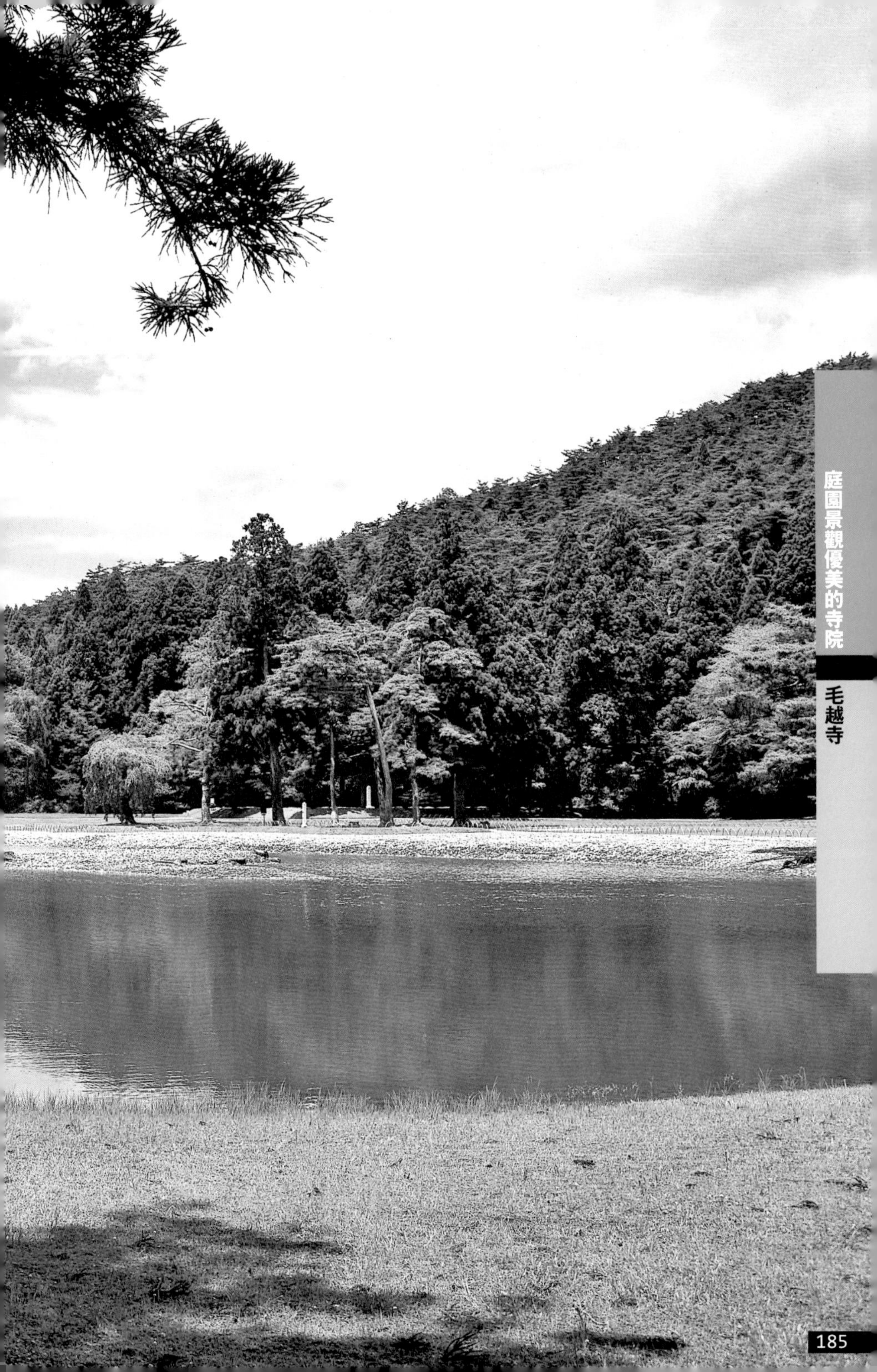

1 每年5月的第4個週日會舉辦曲宴，重現平安時代優雅的吟詠和歌遊
2 菖蒲祭於每年6月20日起展開，近300種、3萬株的花菖蒲盛開綻放
3 1989（平成元）年重建的平安樣堂，朱紅色的外觀十分顯眼
4 供奉寶冠阿彌陀如來的常行堂，摩多羅神則於33年一次的御開帳期放參拜

緬懷藤原氏的榮華與理想
日本屈指可數的淨土式庭園

　　850（嘉祥3）年由慈覺大師圓仁創建。至平安後期，奧州藤原氏第二代基衡到第三代秀衡時代的建造規模已超越中尊寺，藤原氏滅亡後遭逢天災，所有建物皆被燒毀，目前只留下淨土式庭園以及保存狀態良好的遺址。往昔風貌依舊的淨土式庭園為奧州藤原氏一族祈求無戰爭的和平世界，試圖將淨土體現於現世的庭園。其中心的大泉池有以《作庭記》為造景基礎的假山、引水、池中立石等匠心巧思，不同的季節或觀賞視角，也會展現出不一樣的豐富景色。

Keyword

▶淨土式庭園 以寢殿造庭園風格為基礎，在思想變化的影響下於平安～鎌倉時代大量出現的寺院庭園。
▶作庭記 撰寫於平安時代，為日本最古老的庭園書籍。說明寢殿造庭園的造園方法與技術，對日本庭園的發展有深遠影響。

宗派 天台宗
御本尊 藥師如來

參拜重點 ＼Check!!／

水池西南隅還有「枯山水」風格的假山

離水面約4m高處，有座以天然石塊組合而成的岩山。水池的一部分表現出山水風景，屬於初期的枯山水手法。為了與鎌倉時代後期之後有所區別，因此稱為前期式枯山水。

參拜建議

除了淨土庭園外，本堂御本尊的藥師如來、利用東日本大地震受災地陸前高田市的松樹漂流木製成的地藏菩薩像也很值得注目。每年1月20日的「二十日夜祭」會在常行堂舉行摩多羅神祭，並奉納無形文化財「延年之舞」給神明。

古都平泉導遊會的導遊群

[TEL]0191-46-2331
[所在地]岩手県西磐井郡平泉町大沢58
[交通]JR平泉站步行10分
[時間]8：30～17：00(11月5日～4月4日至～16：30)
[休]無休　[費用]500日圓
[URL]www.motsuji.or.jp

代表平泉文化的世界遺產
中尊寺
ちゅうそんじ

與毛越寺同樣由慈覺大師圓仁創建，之後奧州藤原氏初代清衡在寺內興建了多座堂塔。以莊嚴肅穆的金色堂最為有名，建物內外皆貼有金箔以及螺鈿、塗漆等裝飾。

☎0191-46-2211 　🏠岩手縣西磐井郡平泉町平泉衣關202　🚌JR平泉站搭平泉町巡迴巴士10分，中尊寺下車步行10分

範例行程

範例行程

上午　首先前往主要景點毛越寺
於毛越寺悠閒漫步，沉浸在重現極樂淨土的優美庭園中。再到鄰近同樣擁有淨土庭園的觀自在王院跡參觀。

下午　巡訪與奧州藤原氏有淵源的名勝
搭巴士移動，前往柳之御所遺跡、無量光院跡、中尊寺等地。象徵黃金文化的金色堂以及收藏3000件文化財的讚衡藏，也是必訪焦點。

Column!!
於平泉誇耀榮華的奧州藤原氏

指平安時代後期，治理東北大部分地區的大族氏：初代清衡、2代基衡、3代秀衡、4代泰衡。在周邊取得的大量黃金，不僅為平泉帶來黃金文化，也成為藤原氏莫大的財源。平泉的富裕程度更曾僅次於平安京。但由於3代秀衡藏匿遭受源賴朝追討的源義經而與賴朝對立。時至4代秀衡，即便屈於壓力交出義經的首級，最終仍遭賴朝出兵而滅亡。

超越平等院規模的寺院遺跡
無量光院跡
むりょうこういんあと

為第三代秀衡仿造京都平等院的建築打造而成的寺院遺跡，規模則更勝一籌。目前正實施挖掘調查，同時進行修繕整理庭園。

☎0191-46-4012（平泉文化遺產中心）
🏠岩手縣西磐井郡平泉町平泉花立地內
🚌JR平泉站步行10分

緊鄰毛越寺的庭園遺構
觀自在王院跡
かんじざいおういんあと

第二代基衡過世後由其妻所興建的寺院遺跡。淨土庭園的中心舞鶴池已經復原完成，目前規劃成史跡公園對外開放中。

☎0191-46-4012（平泉文化遺產中心）
🏠岩手縣西磐井郡平泉町平泉志羅山地內　🚌JR平泉站步行8分

位於中尊寺表參道入口附近的平泉休息屋，備有餐廳、伴手禮店、平泉文化史館等設施

以淺顯易懂的方式解說當地的歷史、文化魅力，也展示有珍貴的歷史資料

地處高台上，據說是源義經臨終前度過的宅邸所在地。仙台第四代藩主伊達綱村為追思源義經而建造了義經堂、裡面還安置著源義經的木像

推論該場所原本是奧州藤原氏初代清衡的居城所在地，至第三代秀衡時才規劃修建成政治上的據點。設有展示挖掘出土遺物的資料館

地處中尊寺與毛越寺中間位置的圓錐形山，還留有第三代秀衡在無量光院的西邊只花一個晚上就堆砌起金雞山的傳說

站前設有觀光服務處、方便巡訪史蹟的腳踏車租借站

地圖標示
- ㉗平泉前澤IC
- ④
- 前澤站
- 平泉文化史館
- 平泉休息屋
- 中尊寺
- 奧州街道（陸羽街道）
- 東北本線
- 卍高館義經堂
- 東福寺卍
- 柳之御所遺跡
- 無量光院遺址
- 金雞山
- 卍熊野三社
- 平泉文化遺產中心
- 金雞山山麓露營場
- 卍千手堂
- 立花儲水池
- 悠久之湯
- 平泉郵局
- 平泉觀光服務處
- 舞鶴池
- 觀自在王院跡
- 岩手銀行平泉分店
- 大泉池
- 卍毛越寺
- 毛越寺寶物館
- 平泉町公所
- 一關市區
- 一之關站
- 平泉站
- N 0 200m

側欄：
寺院 卍
真珠院 卍
　　卍中尊寺
色堂卍　讚衡藏
　　　願成就院卍
　瑠璃光院卍

庭園景觀優美的寺院　毛越寺

ⓘ 住宿資訊　由於平泉的住宿設施不多，建議可搭配周邊城市的觀光選擇入住一關、仙台、盛岡等地的旅館。

從美麗的山巒自然風光借景
由名僧打造的最高傑作庭園

天龍寺
●てんりゅうじ

以相隔著大堰川的嵐山、庭園西邊
的龜山紅葉為背景的曹源池庭園，
映照在水面上的景致也很迷人

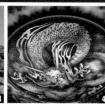

1 天龍寺最大的建物大方丈(右)與書院小方丈(左)的後方,就是以曹源池為中心的池泉迴遊式庭園
2 境內也是知名的賞櫻景點,多寶殿前的枝垂櫻更是非看不可
3 走進庫院的玄關,首先映入眼簾的就是平田精耕的達摩圖
4 法堂的天井有日本畫家加山又造描繪的雲龍圖,直徑9m,氣勢磅礴

依舊保有創建當時風貌的壯觀庭園
日本第一個史蹟‧特別名勝

　　創建於1339（曆應2）年,為禪僧夢窗疎石建議將軍足利尊氏替後醍醐天皇祈禱冥福的寺院,為確保建築資金還派出天龍寺船與中國元朝貿易往來。傾舉國之力打造的堂宇反覆地遭逢火災和戰火燒毀又重建,但相傳由夢窗疎石設計的曹源池庭園卻毫髮無傷,依舊保留當時的風采。被列為國家史蹟‧特別名勝的第一號,同時也已登錄為世界遺產。曹源池的造型、龍門瀑布、嵐山和龜山的借景等人工與自然渾然一體的壯麗景致,都相當值得欣賞。

Keyword

▶ **天龍寺船** 夢窗疎石與副將軍足利直義協商建議應重啟自元日戰爭後中斷的貿易往來,以獲取龐大的利益。
▶ **借景** 如曹源池庭園可一望龜山、嵐山般,將庭園外的風景當成部分庭園景觀背景的造園手法。

宗派 臨濟宗天龍寺派
御本尊 釋迦如來

參拜重點 \Check!!/

欣賞庭園中央的龍門瀑布
從方丈能望見水池中央置有瀑布石組,以「鯉躍龍門」傳說為題材,有代表瀑布的兩塊巨岩以及仿鯉魚造型的「鯉魚石」。

參拜建議

最大的焦點當然是世界遺產曹源池庭園。天龍寺位於京都市區的最西端,是從東方升起的旭日最先照射到的地方,所以不妨一大早就前往造訪。尤其11月中的「早朝參拜」大多上午7時半就會開園,能好好欣賞清晨的幽靜庭園。法堂的雲龍圖、多寶殿西側可一望京都市內的「望京之丘」等,也都十分推薦。庭園內的龍門亭設有「篩月」餐館,能品嘗到素齋料理。

大本山 天龍寺
法務部長 小川 湫生先生

[TEL]075-881-1235　[所在地]京都府京都市右京区嵯峨天龍寺芒ノ馬場町68　[交通]嵐電‧嵐山站下車即到[時間]8:30〜17:30(10月21日至〜3月20日至〜17:00),法堂「雲龍圖」於週六、假日和春秋兩季特別參拜期間公開[休]無休　[費用]庭園500日圓(諸堂參拜需另付100日圓)、法堂「雲龍圖」500日圓　[URL]www.tenryuji.com

　重要祭典 11月**早朝參拜** 紅葉季節期間上午7時30分即開放參拜,可避開人潮慢慢欣賞庭園的紅葉美景。

範例行程

上午 造訪天龍寺最好選早一點的時段來

上午庭園光線充足，又不若午後人潮這麼多，最適合參拜天龍寺。沿著竹林之道前往大河內山莊欣賞庭園後，再到嵐山商店街逛逛。

下午 午後遊覽景點眾多的嵯峨野

享受完邊走邊吃和購物的樂趣，即可往嵯峨野移動。參觀舊嵯峨野御所 大本山大覺寺後，再巡訪小倉山麓的化野念佛寺、二尊院和常寂光寺。

卍化野念佛寺
鳥居本

原為埋葬在化野地方的無主墓。寺內共有約8000個石佛和石塔群，煞是壯觀

卍竹林、楓樹環繞的《平家物語》中，也曾寫入以悲戀的尼名

又名為嵯峨釋迦堂，寺內安置的釋迦如來像據說是以釋迦年輕時的樣貌雕刻而成

以前曾為愛宕神社門前村落的嵯峨鳥居本，還保留茅葺房屋林立的鄉間風景

祇王寺卍

釋迦和阿彌陀如來的罕見佛像敞的參道每一葉時節就會染抹嫣紅

卍**二尊院**

寶筐院卍
愛宕神社⛩
嵯峨小⊗
寶受寺卍

落柿舍

常寂光寺卍

松尾芭蕉的弟子向井去來曾經住過的草庵，還留有柿子一夜之間全部落地的趣聞

丸太町通

卍**清涼寺**

舊嵯峨御所
大本山大覺寺
卍
大澤池

卍覺勝寺

大覚寺⊗ 卍

北嵯峨高⊗

廣澤池

日本最古的林泉式庭園
舊嵯峨御所 大本山大覺寺
きゅうさがごしょ だいほんざんだいかくじ

1200餘年前曾經是嵯峨天皇的離宮。境內的大澤池種有蓮花，池畔還有野生的櫻花和楓樹，為日本三大名月觀賞地之一。

📞075-871-0071　🏠京都府京都市右京區嵯峨大沢町4　🚌市巴士·大覚寺下車即到

Column 🎵
冬日風情畫「嵐山花燈路」

每逢12月中旬，嵐山各街道和渡月橋、竹林之道都會有夜間點燈活動。透過燈飾藝術、插花作品營造出的日本風情，不禁讓人流連忘返。

京都站◐

~觀光線

Torokko
嵐山◑
竹林之道

大河內山莊庭園●

天龍寺卍

嵐山公園●

京都嵐山
♪音樂盒博物館館　Torokko嵯峨站
卍法然寺
野宮神社⊕

妙智院卍

嵯峨嵐山站　山陰本線
🚉

嵐電嵯峨站

嵐電嵐山本線

臨川寺卍

可祈求良緣、子嗣、學問的野宮神社，是《源氏物語》中也曾登場的古社

鹿王院站 🚉
車折神社站◑
帷子之辻站◑

曇華院卍

卍德林寺

從渡月橋延伸過來的商店街上，人力車來來往往、眾多遊客漫步流連

●渡月橋
●嵐山公園

🧭N
0　　　200m

座落於紅葉的名勝地
常寂光寺
じょうじゃっこうじ

建於小倉山山腰處的日蓮宗寺院，從境內可一望嵯峨野。因有如常寂光土（最高境界極樂淨土）般的風景而得此名，高12m的多寶塔也很吸睛。

📞075-861-0435
🏠京都府京都市右京區嵯峨小倉山小倉町3
🚃嵐電·嵐山站步行20分

竹林環繞的風情步道
竹林之道
ちくりんのみち

從天龍寺北門至大河內山莊附近約100m的步道。綠油油的竹子、迎風搖曳的竹葉聲，從隙縫灑落的陽光都極具美感。
🚃嵐電·嵐山站步行8分

桂川

嵐山站 🚉
阪急嵐山線

嵐山東公園●

桂站🚉

京都最具代表的風景之一，亦為嵐山的地標
渡月橋
とげつきょう

全長155m的橋樑橫跨在桂川（大堰川）上。名字的由來，是取自龜山上皇於月夜搭船出遊時所詠朗的詩句「似滿月渡橋般」。
🚃嵐電·嵐山站步行5分

庭園景觀優美的寺院

天龍寺

鋪滿一整片的庭院地面
放眼望去盡是綠色的絨毯

西芳寺（苔寺）

●さいほうじ（こけでら）

自古即有天下第一名庭的稱號
亦為金閣寺和銀閣寺的參考範本

　　此處原本是聖德太子的別宮所在地，相傳奈良時代僧侶行基創建了「西方寺」，後又由著名的作庭家夢窗疎石重新打造。在室町時代的應仁之亂中多數建物遭到焚毀，歷經了多次的荒廢與復原。佔地廣達3萬㎡的庭園內，就如同「苔寺」的別名般覆蓋著120多種苔蘚植物。秋天時分與紅葉景致的強烈對比、雨期間顯得更加深綠的色澤，都讓人印象深刻。以枯山水和黃金池為中心，迴遊式的池泉式庭園又分成上下兩段，周圍設有3間茶室。

| 宗派 | 臨濟宗 |
| 御本尊 | 阿彌陀如來 |

Keyword

▶夢窗疎石 南北朝時代的臨濟宗僧侶，又有夢窗國師之稱。亦為禪庭的創始者，曾經手天龍寺（➡P.188）等諸多庭園的設計。
▶池泉式庭園 以水為主要元素呈現自然山水景觀的庭園，又細分為舟遊式、迴遊式、鑑賞式等類型。

參拜重點 \Check!!/

參拜時必須參加宗教儀式
辦理好手續後，得先至本堂抄寫佛經才能參觀庭園。還會有住持在場講道說法或唱誦般若心經，全程約需40分鐘，但寫經途中要提早離席也沒關係。

[TEL]075-391-3631
[所在地]京都府京都市西京区松尾神ヶ谷町56
[交通]京都巴士・苔寺、すず虫寺下車即到
[時間][休]申請制（在往返式明信片上註明預定參觀日期、人數、團體代表人的住址和姓名後郵寄，須於預定參觀日期的一星期前寄至寺方）[費用]3000日圓（包含祈禱費）

1 池泉迴遊式庭園的中央有座「心」字型的黃金池，置有3座池中小島與數塊岩石，各小島間有橋樑相連
2 岩倉具視曾隱居其中的茶室湘南亭，已被指定為重要文化財
3 一開始造園時並沒有鋪上苔蘚。場所不同，青苔種類也不同，氛圍也都各異其趣

順道一遊
松尾大社 まつのおたいしゃ

建於701年京都最古老的神社。以造酒之神廣為人知，還有座會湧出泉水的龜之井。松尾造樣式的本殿已被列為重要文化財。

☎075-871-5016 住京都府京都市西京区嵐山宮町3 交阪急・松尾大社站下車即到

西芳寺(苔寺)
嵐山站
四条通
長福寺
松尾大社
松尾大社站
桂川
29
五条通
月讀神社
觀世寺
念佛寺
9
阪急嵐山線
鈴蟲寺
光德寺
苔寺・すず虫寺
上桂站
地藏院
淨往寺
桂川街道
阪急京都線
河原町站
正林寺
西京區公所
山陰道
極樂寺
桂離宮
彌勒寺
春日神社
N
9
桂站
0
500m
67
龜岡
長岡天神站

範例行程

上午
巡訪散佈在西芳寺周邊的寺社
參觀松尾大社後依照預約的時間前往西苔寺，能體驗抄寫佛經以及欣賞美麗的青苔世界。附近的鈴蟲寺、地藏院也很值得一訪。

下午
盡享美食和觀光的嵐山漫遊
往嵐山方向移動並享用午餐。飽嘗名店的美味後前往天龍寺、竹林之道、渡月橋等觀光景點。也可搭乘小火車或挑戰遊船泛舟的行程。

住宿資訊 西芳寺周邊幾乎沒有住宿設施，建議選擇嵐山、京都站周邊的旅館和飯店。

解開石庭不思議的關鍵
就存在於每個人的心中

龍安寺
●りょうあんじ

眾說紛紜見仁見智
美麗又謎樣的枯山水庭園

　　禪寺座落在衣笠山的山麓，1450（寶德2）年由細川勝元創建。於應仁之亂中燒毀，相傳兒子細川政元在重建時增建了石庭。石庭設在方丈（本堂）南端的方丈庭園，是連伊莉莎白女王都曾盛讚的世界著名石庭。作庭者也不詳的庭園內充滿了未知的謎團，其中少數可以確定的則是在造園時完美地運用了透視的技法。從方丈的東南角眺望石庭，排水之便的傾斜坡度、圍牆的高度、石頭的配置也都經過精心計算，目的是為了讓庭園顯得更加寬闊。

宗派	臨濟宗妙心寺派
御本尊	釋迦如來

Keyword

▶ 枯山水　禪宗寺院的庭園樣式。水池、河川等造景完全不使用實際的水，而是以白砂、石頭表現出海洋、河川等風景。
▶ 龍安寺垣　龍安寺內隨處可見的低矮籬笆，以竹片交叉組合成菱形圖樣。

參拜重點　\Check!!/

尋找散居在石庭內的15塊石頭
不要只從一處觀看，不妨從各個角度尋找15塊石頭。據說不論從哪個視角眺望，都無法一次看齊所有的石頭。

[TEL]075-463-2216
[所在地]京都府京都市右京区龍安寺御陵ノ下町13
[交通]市巴士・竜安寺前下車即到／嵐電・龍安寺站步行8分
[時間]8：00～17：00　12～2月8：30～16：30
[休]無休　[費用]500日圓
[URL]www.ryoanji.jp

1 舉世聞名的枯山水石庭。僅以白砂、石頭呈現出大山大水之景，但作庭者是誰、設計意圖為何都不得而知
2 鏡容池是位於寺院南側的廣大迴遊式庭園，一年四季百花綻放
3 若將中央的凹洞部分視為部首「口」，即可讀成「吾唯足知」的知足蹲踞

順道一遊
等持院 とうじいん

室町時代由足利尊氏創建、以夢窗疎石為初代住持，足利尊氏過世後成為足利家的家廟。庭園分成東西兩側，景色優美。
☎075-461-5786　❸京都府京都市北區
等持院北町63　❸嵐電·等持院站步行7分

範例行程

上午
眺望石庭景色，感受由石頭、白砂建構成的宇宙
以仁和寺為起點。櫻花季節是最佳首選，但新綠和紅葉景致也很漂亮。沿著絹掛之路步行至龍安寺，還可體驗一下坐在石庭前沉思片刻。

下午
從寂靜的庭園到熱鬧的北野天滿宮和上七軒
中午在龍安寺境內的西源院品嚐湯豆腐、素齋料理。午後先巡訪等持院、平野神社、北野天滿宮等景點，再到上七軒、西陣地區逛逛。

🏠**住宿資訊** 絹掛之路的周邊並非熱門的住宿區域，但還是有幾家民宿散佈其間，或是選擇搭嵐電即可抵達的嵐山地區入住。

運用遠近法設計的枯山水庭園
地位崇高的禪宗名刹

南禪寺
●なんぜんじ

京都府
京都市

以紅葉名勝廣為人知的禪寺
寧靜祥和氛圍的塔頭庭園也很美

　　座落於京都東山山麓、擁有宏偉伽藍的南禪寺，為1291（正應4）年龜山法皇迎來無關普門住持後所創設的禪刹。在室町時代名列禪寺中最高等級的「五山之上」，境內有三門、方丈等眾多景點。大方丈的庭園是江戶初期以心崇傳住持委託作事奉行小堀遠州設計的枯山水名庭，透過整片白砂與東側後方的石組突顯出東西細長型庭園的遠近感。塔頭金地院的「鶴龜之庭」也是小堀遠州的作品，以白砂象徵大海，與後方巨大的石組和修剪整形的樹叢相互輝映。擁有美麗池泉迴遊式庭園的天授庵、南禪院等塔頭寺院，也都很值得親臨造訪。

| 宗派 | 臨濟宗南禪寺派 |

| 御本尊 | 釋迦牟尼佛 |

Keyword

▶以心崇傳 金地院的開山僧侶，也曾擔任德川幕府的政務一職
▶小堀遠州 繼千利休、古田織部之後的江戶初期茶人，提倡「寂寥之美」的文化。同時也是一名作庭家，曾經手設計京都御所和二條城。

參拜重點 ＼Check!!／

國寶方丈的障壁畫非看不可
擁有美麗枯山水庭園的方丈內，收藏了許多狩野派的障壁畫。小方丈「虎之間」的40面障壁畫相傳出自狩野探幽之筆，能欣賞《飲水之虎》等栩栩如生的老虎英姿。

[所在地]京都府京都市左京区南禪寺福地町　[休]無休
南禪寺　[TEL]075-771-0365　[交通]地下鐵‧蹴上站步行10分　[時間]8:40～16:40(12～2月至16:10)
[費用]境內自由，方丈庭園500日圓　[URL]www.nanzen.net
金地院　[TEL]075-771-3511　[交通]地下鐵‧蹴上站步行5分　[時間]8:30～17:00(12～2月至16:30)
[費用]400日圓(特別參拜另付700日圓，需預約)

重要祭典　11月中旬～下旬　**紅葉夜間點燈** 南禪寺的塔頭天授庵於每年紅葉季節，都會在境內的枯山水庭園和池泉迴遊式庭園點燈裝飾。

1 南禪寺的方丈庭園已被指定為國家名勝，置於東側後方的6塊石頭恰似母虎帶著小虎渡河，因此又名為「虎子渡河之庭」
2 南禪寺塔頭金地院內的鶴龜之庭，在白砂後方有蓬萊島式的三尊石組
3 曾出現在歌舞伎《樓門五三桐》中石川五右衛門讚嘆「絕景啊！絕景！」的三門

順道一遊
無鄰菴 むりんあん

為明治、大正時代的政治家山縣有朋的別墅，由第七代小川治兵衛打造，充滿野趣、開闊感十足的庭園很有看頭。
☎075-771-3909　住京都府京都市左京区南禅寺草川町31　交地下鐵‧蹴上站步行7分

範例行程

上午
參拜南禪寺，中午享用名產湯豆腐料理
趁一早人潮還不多時先前往南禪寺，穿越氣勢恢弘的三門、法堂後就是方丈。午餐則推薦到腹地內的湯豆腐老店用餐。

下午
參觀塔頭寺院後前往哲學之道
欣賞南禪院、天授庵、金地院三座塔頭庭園後，到哲學之道走走。還可順路造訪附近的寺社，領略櫻花、紅葉、新綠等季節之美。

住宿資訊　周邊從大型飯店到包棟町家民宿都有，選擇性相當多。南禪寺境內的宿坊南禪會館也很方便。

清新的香氣與隨風搖曳的竹葉婆娑聲讓人心情沉靜

有竹林景致的寺院

在竹林中的茶席享受片刻寂靜

▌報國寺
ほうこくじ

位於稍微遠離鎌倉市中心的幽靜場所。為足利尊氏的祖父足利家時於1334（建武元）年創建的禪寺，後來成為足利氏與上杉氏的菩提寺。開山祖師天岸慧廣曾在塔頭——休耕庵修行，從其遺址所冒出的孟宗竹，如今已在本堂後方長成一大片的竹林庭園。竹林中的小徑很適合悠閒漫步，還可坐下來欣賞竹庭之美，邊喝杯抹茶、吃個點心。

本堂內還保留著曾住在附近的川端康成使用過的書桌

| 宗派 | 臨濟宗建長寺派 |
| 御本尊 | 釋迦牟尼佛 |

[TEL] 0467-22-0762
[所在地] 神奈川縣鎌倉市淨明寺2-7-4
[交通] JR鎌倉站搭京急巴士12分，淨明寺下車步行3分
[時間] 9:00～16:00
[休] 12月29日～1月3日　[費用] 200日圓
[URL] www.houkokuji.or.jp

位於本堂後方的枯山水中庭，呈現出洗鍊的美感

境內後方的竹庭散步小徑鋪有石板，規劃完善，一旁還有石佛和石塔靜靜佇立著

筆直高聳的竹子整齊林立在兩旁的小徑，
靜靜地迎接來訪的遊客。邊欣賞眼前與綠意映襯的四季花草，
邊漫步在清新宜人的空氣中。

越過山門後，就是兩旁翠綠竹林矗立的參道。於萬籟俱寂間傳來竹葉沙沙的摩擦聲，令人心曠神怡

綠意盎然的竹林與繽紛的季節色彩令人療癒

地藏院

じぞういん

建於南北朝時代。一休禪師的出生地，也是6歲以前與
母親共同生活度過的寺院。在細川氏的庇護下擴大了
所屬領地，不過卻在應仁之亂中遭兵火焚毀，直到江
戶時代後，寺院才又重建整修。環繞參道和境內的竹
林景致優美，因此又被稱為竹之寺，竹葉與楓紅交織
而成的秋天景色也十分迷人。本堂的北端有座十六羅
漢之庭，為運用16顆自然石配置而成的枯山水庭園。

本堂安置著能保佑長壽與安產的本尊地藏菩薩

| 宗派 | 臨濟宗 |
| 御本尊 | 地藏菩薩 |

[TEL]075-381-3417　[所在地]京都府京都市西京区
山田北ノ町23　[交通]京都巴士・苔寺、すず虫寺下車步行3分
／阪急・上桂站步行12分
[時間]9：00～16：30(最終入山16：15)
[休]無休　[費用]500日圓
[URL]takenotera-jizoin.jp

每到初夏四周就被青苔、綠竹、楓樹綠葉環繞成一片綠海

登上能望見大海的境內，欣賞亙古不變的景色

有迷人海景的寺院

可眺望瀨戶內海、風光明媚的尾道寺院

千光寺
せんこうじ

806（大同元）年由弘法大師空海所創建。境內中央有塊流傳著「頂端的寶玉發出光芒照亮附近一帶」傳說的玉之岩，亦為寺名由來。本堂為塗上朱漆的舞台造樣式建築，又稱為赤堂。從本堂內即可一望尾道水道，朱紅色舞臺與蔚藍大海的對比之美極為出色。千光寺山一帶的公園也是著名看夜景和賞櫻的地方。

名列「櫻花名勝100選」和「日本夜景100選」的千光寺公園

| 宗派 | 真言宗 |
| 御本尊 | 千手觀音菩薩 |

[TEL]0848-23-2310
[所在地]広島県尾道市東土堂町15-1
[交通]千光寺山纜車・山頂站步行10分
[時間][休][費用]境內自由參觀
[URL]www.senkouji.jp

搭乘纜車直抵山頂的千光寺公園，享受空中漫步的樂趣

顯眼的朱紅色本堂，供奉著被稱為「火伏觀音」的本尊。若繼續往上攀登背後的鎖山，即可居高臨下飽覽街景

全日本有許多能欣賞海景的寺院。
本篇介紹其中兩座美景有口皆碑的佛寺，
不妨親身感受一下大山大海亙古不變的大自然力量。

能遠眺海景的五重塔。春天有櫻花和石楠花、秋天有紅葉等季節花木，與眼前的遼闊大海交織成的景色美不勝收

將日本三景之一的天橋立盡收眼底

成相寺

なりあいじ

704（慶雲元）年真應上人奉文武天皇下令祈願而
建。本尊為著名的代替觀音，只要衷心祈求願望皆能
成真。境內有許多景點，如留下諸多傳說的無撞鐘、
一願一言地藏、雪舟在國寶天橋立圖中所描繪的五重
塔等。寺院位於鼓岳的半山腰處，可自境內的展望台
眺望天橋立，亦為眾所皆知的賞花名勝。

可飽覽名列日本三景的天橋立與宮津市區的絕景

[宗派] 橋立真言宗
[御本尊] 聖觀世音菩薩

[TEL]0772-27-0018　[所在地]京都府宮津市成相寺339
[交通]京都丹後鐵道・天橋立站附近的棧橋搭天橋立觀光船
12分／一之宮棧橋下船步行3分。府中站搭吊椅纜車4分到傘
松站，再轉搭成相登山巴士7分，成相寺下車步行10分／天橋
立站搭計程車25分　[時間]8：00～16：30　[休]無休
[費用]500日圓　[URL]www.nariaiji.jp

本堂與鎮守堂、鐘樓皆已被登錄為京都府指定文化財

日本的 祭典

祭典就是日本的四季即景。
神社和寺院的神聖祭典，
也有賴當地居民的大力支持。
以下是各地著名祭典的介紹。

京都夏天最大的盛事

祇園祭 ぎおんまつり

八坂神社以前名為祇園社，每年
7月會舉辦為期一個月的祭典活
動。最大焦點即華麗山車遊行的
「山鉾巡行」。
[舉辦日]7月1～31日
[舉辦地]京都府京都市
[主辦]八坂神社

連將軍也曾御覽的「天下祭」
神田祭 かんだまつり
神田神社的大祭名列日本三大祭和
江戶三大祭之一。由眾人抬起神輿
繞行神田、日本橋、大手町、秋葉原
等地，朝氣蓬勃的吆喝聲不絕於耳。
[舉辦日]2年1次，5月中旬
[舉辦地]東京都千代田區
[主辦]神田神社(神田明神)➡P.101

神輿的總數高達100座
三社祭 さんじゃまつり
淺草神社的祭典，神社內以最初
供奉淺草寺(➡P.72)本尊觀音
菩薩的三人為御祭神。神輿上街
遊行的場面極具氣勢。
[舉辦日]5月中旬
[舉辦地]東京都台東區
[主辦]淺草神社

祈求豐收和慶賀神明婚禮

撒火祭神儀式　ひふりしんじ

為祝賀農業之神國龍神婚禮的儀式。從吉松宮迎來姬神御神體的神輿後，眾人同時點燃火把，並用力揮動照亮姬神的神輿。

[舉辦日]3月下旬
[舉辦地]熊本縣阿蘇市
[主辦]阿蘇神社

宣告富士山登山季節的結束

吉田火祭　よしだのひまつり

代表夏天即將邁入尾聲的應景儀式，祭典中會將神明從淺間神社迎回諏訪神社。為日本三奇祭以及日本十大火祭之一。

[舉辦日]8月26·27日
[舉辦地]山梨縣富士吉田市
[主辦]北口本宮富士淺間神社、諏訪神社

占卜農作收成與吉凶

鳥羽火祭　とばのひまつり

爬上高達5m的巨大火炬「Suzumi」，從火焰中取出神木和十二繩後供奉於神殿。

[開催日]2月第二週日
[開催地]愛知縣西尾市
[主辦]鳥羽神明社

那智扇祭
なちのおうぎまつり

為熊野神社總本社──熊野那智大社的神明回到飛瀧神社的返鄉儀式。現場會以大火把迎接神輿到來，因此又稱為火祭。

[舉辦日]7月14日
[舉辦地]和歌山縣東牟婁郡那智勝浦町　[主辦]熊野那智大社

鞍馬火祭　くらまのひまつり

平安時代由於戰亂和天災頻仍，因此將由岐明神從御所遷宮至鞍馬坐鎮。祭典當天人們會一路舉著火星四處飛散的火把，前往山門前聚集。

[舉辦日]10月22日
[舉辦地]京都府京都市
[主辦]由岐神社

日本的

祭典

重達4噸的山車疾速奔馳
岸和田山車祭
きしわだだんじりまつり

源自於元祿時期岸和田藩主為祈
求五穀豐收而舉辦的稻荷祭，拉
著山車快速急轉彎的畫面相當有
看頭。

[舉辦日]9月「敬老之日」前的週六日
[舉辦地]大阪府岸和田市
[宮入神社]岸城神社、岸和田天滿
宮、彌榮神社

日本最大的山車「巨山」
青柏祭
せいはくさい

名字取自將神饌盛放在槲樹葉上
供奉的儀式。3台約12m高的山
車（曳車）從民宅旁經過的模
樣，震撼力十足。

[舉辦日]5月3～5日
[舉辦地]石川縣七尾市
[主辦]大地主神社

兩座神輿互相叫陣的勇壯祭典
糸魚川春大祭
いといがわはるおおまつり

由押上區、寺町區的年輕人抬起各區的神輿，邊碰撞著邊繞行天津神社以一決勝負。在勇猛的抬神輿活動後，還有精彩的舞樂奉納儀式。

[舉辦日]4月10、11日(抬神輿於4月10日進行) [舉辦地]新潟縣糸魚川市 [主辦]天津神社

近1萬人裸身擠成一圈的奇祭
裸祭 はだかまつり

正式名稱為儺追神事的祭典。據說只要觸摸到全裸的神男即可消除厄運，因此穿著兜襠布的男人們個個以神男為目標，爭先恐後蜂擁而上。

[舉辦日]1月下旬～2月下旬(舊曆1月13日) [舉辦地]愛知縣稻澤市
[主辦]尾張大國靈神社(國府宮)

爭奪能帶來好運的寶木
西大寺會陽 さいだいじえよう

祭典現場的裸男們為求得寶木而展開一場爭奪大戰。始於16世紀初，由於新年發送的護符相當靈驗，所以吸引大量人潮前來。

[舉辦日]2月第三週六
[舉辦地]岡山縣岡山市
[主辦]西大寺

神輿、能樂和煙火的華麗盛事

天神祭 てんじんまつり

重頭戲是由催太鼓、猿田彥為首的3000人與神輿一同前行的陸渡御，以及在山車囃子伴奏聲中搭乘100艘船航行於川上的船渡御，猶如一幅壯麗的時代畫卷。

[舉辦日]7月24、25日
[舉辦地]大阪府大阪市
[主辦]大阪天滿宮 → P.102

以瀨戶內海為舞台的平安風情畫

管絃祭 かんげんさい

平清盛將源於都城的「管絃遊」祭神儀式引進至嚴島神社舉辦，邊於船上演奏管絃樂邊繞巡攝社

[舉辦日]7月中旬～8月上旬（舊曆6月17日） [舉辦地]廣島縣廿日市市 [舉辦]嚴島神社 → P.34

有100艘漁船與御座船隨行

鹽竈港祭 しおがまみなとまつり

載著鹽竈神社、志波彥神社神輿的御座船巡航於松島灣，後面還跟著仿鳳凰、巨龍造型的100艘漁船一同前往風景勝地。

[舉辦日]7月第3週一（「海之日」）
[舉辦地]宮城縣鹽竈市
[主辦]鹽竈神社、志波彥神社

手持火把的神鬼登場
生剝鬼柴燈祭
なまはげせどまつり
會有戴著鬼面具的山神使者「生剝鬼」表演舞蹈和太鼓。相傳吃下生剝鬼發放的護摩餅即可消災解難。
[舉辦日]2月第2週五、六、日
[舉辦地]秋田縣男鹿市
[主辦]真山神社

擊退惡靈的牛鬼出巡
和靈大祭、
宇和島牛鬼祭
われいたいさい・うわじまうしおにまつり
以木材、竹子搭建骨架，外頭覆蓋棕櫚葉或紅布，再將戴上鬼面具，長6m、身高5m的巨大牛鬼抬上街遊行，以驅趕家中的惡靈。
[舉辦日]7月22～24日
[舉辦地]愛媛縣宇和島市
[主辦]和靈神社(和靈大祭)

再熟悉不過卻又不甚瞭解的兩個宗教
神社與寺院的區別

	起源	崇拜對象	聖典

神社

‖ 7世紀左右 ‖

神明棲宿在山、樹、岩石等自然物體的神社信仰思想，是從日本的風土與生活中自然蘊育而生。起初會在祭祀山中的磐座（巨石）等物體時才設置祭壇，後來變成固定常設的祭壇。7世紀左右在佛教的影響下開始建造社殿，也就此奠定了神社的基礎。

將三輪山視為御神體的奈良大神大社

‖ 御神體 ‖

常言日本有八百萬神，因此崇拜的神明（祭神）也形形色色。有棲宿在山巒等自然環境中的神、在《古事記》和《日本書紀》中登場的神，以及如菅原道真的歷史偉人也都被奉為神祇敬拜。替代這些無實際形體之神明的祭祀對象，就是御神體。原始時代會對著神靈棲宿的大自然直接朝拜，神社興建，後則將鏡、劍、玉等人工物當成御神體放在本殿供奉。奈良縣的大神神社以三輪山為御神體，因此至今仍沒有建造本殿。

‖ 無 ‖

神社信仰是從日本傳統的民俗信仰衍生而來，所以不會有開山祖師、也沒有編纂教義的特定聖典。在日本神話的《古事記》、《日本書紀》以及集合各地傳說的《風土記》中，記載著日本從誕生以來的諸神系譜與相關故事，因此神道的規範也多出自上述書籍。另外還有「敬神生活的綱領」，並非陳述教義，而是彙整神道教學的方針與神職人員的日常規範。

寺院

‖ 6～7世紀 ‖

相傳佛教傳至日本後不久的6～7世紀左右，蘇我氏一族為了收藏佛像而興建了寺院。奈良時代佛教盛行，各地紛紛建造寺院，並有僧侶常駐成為讀誦經典的場所。平安時代創立了許多修行用途的山岳寺院，鎌倉時代以後則逐漸變成聚集信眾講經說法的地方。

由聖德太子創建的奈良法隆寺

‖ 御本尊 ‖

將佛像當成偶像崇拜，御本尊即寺院內最重要的佛像。初期的佛像只有釋迦摩尼佛，之後才打造出各式各樣的佛像。佛像有地位高低之別，地位最高的是「如來」，以釋迦牟尼等已頓悟得道的佛為主。接下來則依序是正在求道修行中的「菩薩」、奉如來的命令降伏一切惡魔的「明王」、負責保護佛法的天界之神「天部」。依宗派別會有各自特定的御本尊，不過也有例外的寺院，也有很多是以寺院起源由來的佛為御本尊的。

‖ 大藏經 ‖

如聖經般全佛教徒共通的經典並不存在。釋迦牟尼的教誨經過後進的諸多闡釋後，誕生出無數的經典，這些龐大的經典被總稱為大藏經或一切經。大藏經若以內容來分類，可分成彙整釋迦牟尼講經的「經」、宗教團體規則的「律」、解說經與律的「論」三種，又名為三藏。日本屬於大乘佛教，以翻譯成中文的漢譯大藏經為基礎。「法華經」、「大日經」等各宗派所依據的經典或有不同，其中又以「般若心經」廣受眾多宗派誦讀。

「新年參拜到神社，祭拜祖先到寺院」對日本人來說很理所當然，但神道和佛教是不一樣的宗教。在眾多因素下造成錯縱複雜的糾葛關係，但這兩大宗教都已在日本的文化中落地生根。各自的起源與信仰形式也都不同，不妨先來複習一下神社與寺院的區別吧。

聖職者

| 神職 |

神職是擔任神與人之間的溝通橋樑。一般稱之為神主，負責神社的營運及參拜者的祈禱儀式、執行祭祀事宜等。神社的首席職位是宮司，接下來的職位是禰宜，有的神社在禰宜之上還會有權宮司。其餘的神職皆稱為權禰宜，負責掃除和事務性工作。要成為神職通常必須畢業於大學的神道相關科系，經過研修後取得神社本廳發行的「階位」。或是透過各地的神職培訓所及講習、實習等方式進修。巫女並不包括在神職人員內，因此不需取得任何資格。

| 僧侶 |

僧侶即出家入佛門之人，以向大眾宣揚佛法為職責。僧侶分成許多階級（僧階），一般以大僧正為最高位階。要成為僧侶，必須先尋找願意成為導師的僧侶（師僧），並接受進入佛門許可的「剃度」儀式，經過修行、勤學、鍛鍊後，得到認可的人才能成為僧侶。依不同的宗教派別，成為僧侶的方法和修行的嚴厲程度也不同。進入佛教的相關大學念書，到寺院累積修行實踐的人也很多。住持即寺院的負責人，職務涵蓋寺院的管理營運、信眾婚葬喜慶的儀式、供養祭拜、講經說法等。

寺社數量

| 85013 |

根據文化廳於2014（平成26）年發表的統計資料，全國的神社數量有8萬5013社。在所有都道府縣中擁有最多神社的是新潟縣的4749社，2~5名則依序是兵庫、福岡、愛知、岐阜。就神社的流派來看，數量最多的是以御稻荷桑備受愛戴的稻荷神社，全國約有3萬社，能庇佑商業繁盛、家內平安等各種項目。掌管勝運的八幡神社、以伊勢神宮為總本社的神明社、祭祀菅原道真的天滿社，在數量上也都名列前茅。

出處：文化廳編《宗教年鑑 平成26年版》

| 77350 |

根據文化廳於2014（平成26）年發表的統計資料，共有7萬7350座寺院。在所有都道府縣中以愛知縣的4579座寺院奪冠，大阪、兵庫、滋賀、京都則緊跟在後。宗派則多達157個。平安時代創立了天台宗和真言宗，到了武家社會的鎌倉時代，佛教開始在民間廣為流傳，陸續誕生了淨土宗、淨土真宗和日蓮宗。在寺院的數量上以淨土宗、淨土真宗等淨土宗系佔最多數，臨濟宗、曹洞宗等禪宗系以及真言宗系、日蓮宗系、天台宗系的寺院也很多。

出處：文化廳編《宗教年鑑 平成26年版》

參拜方式

| ①在鳥居前一鞠躬 |

鳥居即神社的玄關口，代表進入神域的入口。訪客請遵照禮儀在此一鞠躬。

| ②行進時避免走在參道正中央 |

參道的中央是神明的通道，請靠左或靠右通行。

| ③到手水舍滌淨身心 |

以柄杓舀水清洗左右手，再將水舀在手心含入口中清口，手柄沖洗後歸位。

| ④投入香油錢後搖響繩鈴 |

一鞠躬後投入香油錢，搖動繩鈴。鈴鐺聲具有祓除邪氣、呼喚神明的作用。

| ⑤二鞠躬二拍手一鞠躬 |

深深鞠躬2次，接著在胸前拍手2次，說完願望後再彎腰一鞠躬。

| ①在山門前一鞠躬 |

在寺院前先行個禮打聲招呼，山門下方的門檻必須直接跨過不可踩踏。

| ②到手水舍滌淨身心 |

以柄杓舀水清洗左右手，再將水舀在左手心含入口中清口，手柄沖洗後歸位。

| ③在常香爐前去除穢氣 |

若置有常香爐則插上一支線香，將煙往自己身上搧，潔淨身心後再前往本堂。

| ④投入香油錢，雙手合掌 |

安靜地投入香油錢，若有搖鈴則輕輕搖響鈴噹，不需拍手，直接合掌祈願。

| ⑤一鞠躬 |

維持合掌的姿勢深深一鞠躬，離開前再彎腰行禮一次。

行前先知道就會多更多參拜樂趣的雜學知識

神社與寺院Q&A

神社

為何四周森林環繞？

茂密樹林是神明的棲宿地，為神明降臨的場所。因此境內的廣大森林都是神域，林木受到特別保護，嚴禁隨意砍伐，只能用於祭典儀式或建造社殿等情況。所謂的鎮守之森，指的就是圍繞各地神社（鎮守社）的森林。透過虔悉維護鎮守之森取悅神明，以祈求當地居民的平安幸福與五穀豐收。

兵庫生田神社的「生田之森」

神明的計算單位？

在日本會以一柱、二柱、三柱的單位來表示神明的數量，至於為何用柱來計算則不得而知。樹木自古以來就被視為是神靈棲宿的神聖之地，神社內的巨木會被當成御神木崇拜信仰。因此也有這麼一說，或許是將神明比作樹木，所以才用柱這個單位來計算。相傳支撐整棟房子的頂樑柱也有神明棲宿。在伊勢神宮正殿的地板下，安置著一根建築上毫無必要性的心御柱，究竟目的為何依然是個謎。

掛注連繩的理由？

代表神域與俗界的界線，注連繩的內側即神聖的場所。一般在社殿可見的注連繩是以稻草編織而成，並加上名為「紙垂」的紙條裝飾。樣式和大小依各神社而異，出雲大社神樂殿的注連繩重達4.4噸，為全日本規模最大者。不只是社殿，連御神木、岩石等也都掛有注連繩。

出雲大社神樂殿的注連繩

寺院

寺和院的區別？

如京都金閣寺與東京淺草寺、京都三千院、鎌倉明月院般，有些會以寺或院稱呼，但無關乎地位的高低，寺和院都是由中國傳至日本的稱號。佛教在漢朝時傳入中國，當時將從印度來的僧侶安置在名為「寺」的場所居住，因此之後的佛教設施就被命名為寺。院則代表有圍牆環繞的氣派建築物，隸屬於寺的大型堂舍被稱呼為院，所以會在塔頭寺院的名字後面加上院。若主要寺院以院相稱，則大多是如明月院般，以塔頭寺院為主要寺院；或是如三千院般，與皇族、貴族有深厚淵源的門跡寺院。

何謂山號寺號？

寺院名的正式名稱為「○○山△△寺」，以山號加寺號的組合方式。如東京的金龍山淺草寺般，即使建於平地的寺院也會加上山號。山號的由來，原本是中國當地為了修行而將寺院蓋在山上。日本在密教盛行的平安時代初期建造了許多山岳寺院，因而衍生出加上冠上山名的山號，比叡山延曆寺、高野山金剛峯寺就是其例。平安時代以後，於平地興建的寺院都會沿襲慣例加上山號，此慣例一直延續至今。平安時代以前創建的唐昭提寺和法隆寺則無山號。

興建五重塔的原因？

源自於古代印度安置佛舍利（佛陀遺骨）的佛塔（卒塔婆）。傳至中國時為樓閣形式的塔樓，到了日本則演變成獨特的木造五重塔。奈良飛鳥寺、法隆寺的五重塔於修復時曾發現裝佛舍利的容器。一般五重塔內安置著佛像等文物以代替佛舍利，但內部幾乎都不開放參觀。

奈良室生寺的五重塔

在神社和寺院的境內，大家應該都會發現到有許多象徵性的裝飾和建物。
其實背後都有各自蘊含的意義，只要行前多瞭解一些即可增加參拜時的樂趣。
若事先知道神道與佛教曾經融為一體的歷史背景，也能成為解讀神社和寺院的關鍵。

為什麼置有狛犬？

因狛犬能驅魔而在參道上安置著一對。右邊是張著嘴的「阿形」，左邊是閉著嘴的「吽形」。也有種說法認為右邊的是獅子，左邊的是狛犬。由於是想像中的動物，每座神社的狛犬都各異其趣。有些神社沒有狛犬鎮座，是以服侍該神社御祭神的動物（僕從）取代，例如京都伏見稻荷大社的狐狸、大阪住吉大社的兔子。

東京皆中稻荷神社的狛犬

夏秋兩季祭典較多的理由？

夏季祭典的起源有以下各種說法，為了供奉在盂蘭盆節返回的祖先魂靈、祭祀因疫病或颱風等災厄而往生的死者、紓解繁忙農活的勞累等。京都的祇園祭，則是平安時代為了驅散瘟疫而舉行的祭典。秋天是主食稻米等農作物的收穫期，各地都會有奉納舞蹈之類的祭典活動，以感謝神明賜予豐收。

京都祇園祭的山鉾巡行

何謂神佛合一、神佛分離？

6世紀佛教傳至日本時，當地已有根深蒂固的神道信仰。為求推廣佛教而提出將神道信仰與佛教融合的方式，以期讓佛教滲透民間，亦即所謂的「神佛合一」。此舉讓原本的神道信仰也能吸收到外來的技術和知識，同時也因神道信仰的溫和本質加速了兩者的共存與一體化。於神社境內興建神宮寺，在寺院內祭祀神祇。到了平安時代還冒出「日本諸神為了普渡眾生而改以佛陀菩薩之姿現身」的本地垂跡說，神佛合一的狀態持續了1000年以上，一直到明治維新為止。

幕末維新期的明治政府，訂定出以神道為國教的國家神道方針。為謀求神道（神社）的獨立性，1868（慶應4）年頒布了明確將神與佛區分開來的神佛分離令。在神社的境內，將寺院的社殿、佛像、佛具、儀式等一切佛教色彩全部清除。發起排斥佛教的廢佛毀釋運動，各地都出現破壞佛教建物和佛像的事態。寺院的整合與廢佛毀釋的風波，直到明治初期才終於平息。如今日本人在七五三儀式時會到神社，葬禮的話會選擇寺院、婚禮則在基督教堂舉行，無特定宗教信仰的原因就在於神佛合一的歷史背景。

天井龍圖彩繪居多的理由？

禪宗寺院的法堂大多都有天井龍圖。龍是守護佛法的神將之一，亦即具有呼風喚雨能力的龍神。隱喻在僧侶講述佛法的法堂能感受到如沐法雨之中，同時還有預防木造建築易遭祝融的涵義。京都地區的妙心寺、天龍寺、大德寺等寺院的天井畫都十分有名。

京都天龍寺法堂天井的「雲龍圖」

為何會有墓園？

寺院內安置著一般平民的墳墓，是受到江戶時代的檀家制度影響。幕府為防止基督教在日本傳播，提出了檀家制度規定所有町民都必須歸屬於某寺院之下。寺院備有如戶口名簿的紀錄冊，有往生者時就會收到通報。寺院改為包辦一切的喪葬祭拜儀式取代接受信徒布施，在境內設置墓園也越趨普及。

寺院所屬的墓園，有些地方在近代被規劃成公墓（照片為東京谷中）

出羽三山神社（羽黑山）的五重塔。在修驗道的聖地中，許多還保留著當時神佛合一的樣貌

只要記住樣式格局，去任何寺社都能看到相同的結構

神社與寺院的建物用途

神社的主要建物

一般的配置為入口處鳥居佇立，參道的前方設置拜殿、最後方才是本殿，有的神社還建有神樂殿。大多數神社都有鎮守之森環繞在四周。

本殿
被視為祭神的棲宿之地，是神社內最神聖的中心建物。以御垣、圍牆環繞，供奉著神靈依附的御神體。將山巒、瀑布等大自然當成御神體的神社，則不一定會設置本殿。

拜殿
位於本殿前、進行祭典儀式和朝拜的場所，一般參拜者會在拜殿前朝本殿的方向行禮。有的神社會另外設置舉行祭典儀式的幣殿，也有的古社並無拜殿建築。

社務所
神職人員處理事務的地方。有些神社的社務所還會身兼受理祈禱儀式、御守的授與所、索取御朱印的納經所（御朱印所）。

狛犬
參道上左右一對象徵驅魔避邪的守護獸，據說源自於埃及、印度的獅子。經由朝鮮半島的高麗傳來，所以稱為高麗犬，如今則以日文讀音相同的漢字「狛犬」為名。

攝社
境內的小神社。原本是將與主祭神有深厚淵源的神社稱為攝社，其餘的稱為末社，但現在已不再細分區別。

手水舍
參拜前滌淨身心的水屋，通常會利用放置在旁的柄杓盛水潔淨手口。

鳥居
位於神社入口、代表俗界與神域的界線，越過鳥居即踏入神明居住的聖域。鳥居前方就是一路延伸的參道。

神社的建築樣式

可大致區分為由穀物倉庫發展而成的神明造和以古代住宅為原型的大社造。兩者皆為寄棟造結構，屋頂上方置有Y字型的千木與數根橫放的鰹木。之後又衍生出流造、春日造、權現造等諸多神社建築樣式。

神明造
以彌生時代架高地板樣式的穀物倉庫為原型，最大的特徵是屋頂斜面側設有「平入」式入口。屬於未上漆的木造建築，屋頂呈直線，正面人多是橫長型。以伊勢神宮為代表性的建築。

大社造
以古代宮殿為原型，特徵是在沒有屋頂的山牆那側，設有「妻入」式入口。中央立有樑柱所以入口位置往側邊偏移，屬於未上漆的木造建築，屋頂為檜皮葺。以出雲大社為代表性建築。

大型神社內都會有共通的建築和象徵物，也各有用途。
寺院因時代、宗派不同，建物名稱和配置也隨之改變，但基本構造類似。
透過理解建物的用途和配置，還可一窺耐人尋味的佛教思想背景。

寺院的主要建物

大規模的寺院基本上會有金堂、塔、講堂、鐘樓、經藏、僧坊、食堂等七堂伽藍，僧坊和食堂是僧侶們居住與用餐的生活空間。

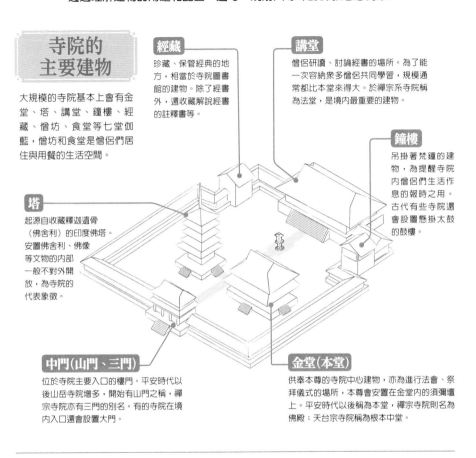

經藏

珍藏、保管經典的地方，相當於寺院圖書館的建物。除了經書外，還收藏解說經書的註釋書等。

講堂

僧侶研讀、討論經書的場所。為了能一次容納眾多僧侶共同學習，規模通常都比本堂來得大。於禪宗系寺院稱為法堂，是境內最重要的建物。

鐘樓

吊掛著梵鐘的建物，為提醒寺院內僧侶們生活作息的報時之用。古代有些寺院還會設置懸掛太鼓的鼓樓。

塔

起源自收藏釋迦遺骨（佛舍利）的印度佛塔。安置佛舍利、佛像等文物的內部一般不對外開放，為寺院的代表象徵。

中門(山門、三門)

位於寺院主要入口的樓門。平安時代以後山岳寺院增多，開始有山門之稱，禪宗寺院亦有三門的別名。有的寺院在境內入口還會設置大門。

金堂(本堂)

供奉本尊的寺院中心建物，亦為進行法會、祭拜儀式的場所，本尊會安置在金堂內的須彌壇上。平安時代以後稱為本堂，禪宗寺院則名為佛殿；天台宗寺院稱為根本中堂。

寺院的伽藍配置

飛鳥奈良時代的佛教初期，尚為佛塔、金堂等建物左右對稱的整齊配置。到了平安時代，密教系寺院蓋在山上後就成了不規則配置，淨土系寺院更是發展出獨特的樣式。如今伽藍配置的種類有各式各樣。

密教系

因建於丘陵地，伽藍須配合地形而變成不規則的配置。高野山金剛峯寺以金堂和根本大堂為中心，其餘的堂塔則散布在各處。

淨土系

將整個境內比作極樂淨土，在中央設置金堂，周邊則配置水池，規劃成美麗庭園。例如岩手的毛越寺、宇治的平等院。

禪宗系

還保留傳統左右對稱的配置。禪宗認為生活就是修行，因此浴室、東司（廁所）也包含在七堂伽藍內。例如福井的永平寺。

一般多統稱為神社或寺院，但其實有各式各樣的派別

神社的主要流派與寺院的主要宗派

神社的主要流派

從自古以來備受崇敬的神社分靈、供奉同一位御祭神的神社在各地皆有分布，其中又以稻荷、八幡、天神、伊勢佔最多數。

數量眾多的稻荷神社總本宮──伏見稻荷大社

諏訪

諏訪大社座落於長野縣的諏訪湖畔，祭神諏訪明神是掌管風與水、五穀豐收和生活的守護神。由諏訪神社分靈創建的神社遍及各地，也以武神之姿深得足利氏、武田信玄等武家的虔誠信奉。

總本社 諏訪大社

稻荷

被暱稱為御稻荷桑，廣受眾人愛戴的御祭神，是掌管稻穀、食物的五穀豐穰之神。除祈求商業繁盛外，還能保佑家內平安、技藝精進等各種項目。全國都有分社，以狐狸為御祭神的使者。

總本宮 伏見稻荷大社➡P.52・100・106

伊勢

伊勢神宮內供奉著國家守護神，也是皇室祖神的天照大御神。鎌倉時代以後，各地築起祭祀神宮分靈的神明社（神明宮）。江戶時代伊勢參拜蔚為流行，關東、東海地區也大量興建起神明社。

總本宮 伊勢神宮➡P.64

祇園

平安時代的京都疫病頻傳，為平息惡疾病災而創建八坂神社，祭祀疫病之神素戔嗚尊。之後以疫病流行的城市為中心，也陸續成立了同一系統的彌榮神社、祇園神社、素戔嗚神社等。

總本社 八坂神社

八幡

應神天皇以八幡神之姿受人供奉，是最早的神佛合一神祇。奈良時代尊崇為佛教的護法神與護國神，鎮守各地的寺院。成為源氏的氏神後，又以守護武家的軍神、勝負神備受人們信仰。

總本宮 宇佐神宮➡P.100

出雲

御祭神是以建國之神、農業神、醫藥神受到信仰的大國主命。與佛教的守護神大黑天合體後，成為七福神之一。中世以後以祈求福德圓滿、結緣、求子的神祇備受崇敬。

總本社 出雲大社➡P.90

春日

春日大社是全國春日神社的總本社，緣起於從鹿島神宮、香取神宮迎至奈良的諸神。為平城京的守護神，並隨著藤原家的興盛而日趨發展。全國各地都有春日信仰的講社組織。

總本社 春日大社➡P.89

天神

各地都有的天滿宮、天神社。以菅原道真（天神）為祭神。菅原道真為優秀的學者和政治家，卻被貶至大宰府，在失意中客死他鄉。太宰府天滿宮就蓋在其墓地上，以學問之神廣為人知。

總本宮 太宰府天滿宮➡P.30・102・107／北野天滿宮➡P.31・63・102

熊野

以熊野本宮大社、熊野速玉大社、熊野那智大社的熊野三山為中心的信仰，院政時代在白河上皇的庇護下大為發展。神聖的熊野之地衍生出延年益壽的功德利益和淨土信仰，熊野神社也陸續分靈至各地。

總本社 熊野本宮大社／熊野速玉大社／熊野那智大社

白山

以橫跨福井、石川、岐阜3縣的靈峰白山為信仰對象。奈良～平安時期成為山岳信仰的修行場所，各登山口皆設有馬場，其中之一的加賀馬場（石川縣）即白山比咩神社的前身。

總本社 白山比咩神社➡P.140

大家都曾在不同的地方看過相同名字的神社，這就代表在日本某地一定有間總本社，
且供奉著同一位御祭神。寺院則是依照各自重視的經典和闡釋又分成許多宗派，
思考方式和實踐方法也都形形色色。

｛ 寺院的 主要宗派 ｝

有遠從中國傳來的宗派到最澄、空海的密教，以及發願普渡眾生的宗派。

高僧輩出的天台宗比叡山延曆寺

時宗

1274年由一遍上人立教開宗。無關乎信仰的內容，只需誦念阿彌陀佛的名號即可往生極樂世界。僧侶們會遊歷日本各地勸人念佛，以舞蹈念佛的方式在民間廣為流傳。

總本山 遊行寺

法相宗

源自唐朝玄奘的唯識論「人的意識皆由自然物質而生」，7世紀中葉由玄奘弟子道昭興建法興寺立教開宗。

大本山 興福寺➡ P.88・178／藥師寺

真言宗

空海以在中國學習的密教為基礎，於816年立教開宗。以即身成佛為目標，將人內心深處的佛心以現有的肉身達到開悟的境界。

總本山 高野山 金剛峯寺➡ P.166等

日蓮宗

1253年由日蓮上人開創的宗派。以法華經為唯一的經典，只要念誦經題「南無妙法蓮華經」，人人皆可成佛。

總本山 久遠寺➡ P.17

華嚴宗

根據「所有事物皆彼此相關」的華嚴經為基礎的中國思想。8世紀前半傳至日本，以良弁為開山祖師的東大寺為根本道場。

大本山 東大寺➡ P.84

融通念佛宗

1117年由良忍上人於各地創設的淨土教宗派之一。主張自己與他人念佛的功能能相互融通（影響），以期往生淨土。

總本山 大念佛寺

臨濟宗

創始人為中國的義玄禪師，1191年由榮西上人傳至日本。透過師徒間的問答和坐禪自我成長，達到開悟的境界。以一休禪師最為著名。

大本山 建仁寺等

律宗

著重實踐與研究佛教徒應遵守的規範（戒律）。8世紀中葉由鑑真和尚傳來，開創唐招提寺成為學習戒律的修行道場。

總本山 唐招提寺

淨土宗

1175年的平安末期由法然上人立教開宗。信奉普渡眾生的阿彌陀佛，提倡只要念佛每個人都能前往極樂世界的淨土。

總本山 知恩院

曹洞宗

1227年由道元禪師從中國傳至日本，與臨濟宗並列為禪宗的兩大宗派。主張透過坐禪讓身心放鬆，以領悟佛心。

大本山 永平寺／總持寺

天台宗

9世紀初最澄在比叡山立教開宗。闡釋平等的教義，同時確立「念佛、密教、禪、戒律」為佛教的主要要素。之後成為日本佛教的基礎。

總本山 比叡山 延曆寺➡ P.167

淨土真宗

1224年由法然的弟子親鸞聖人創教，主張只要仰靠阿彌陀佛普渡眾生的強大願力，即可往生極樂。

本山 西本願寺／東本願寺等

黃檗宗

禪宗的一派，由明朝時代從中國渡日的臨濟宗隱元禪師創立。以坐禪和念佛的實踐方式為特徵，因德川家綱的皈依而興盛一時。

大本山 萬福寺

從根深蒂固的習俗慣例到由僧侶負責主持的莊嚴儀式都有

神道與佛教的慶典行事曆

神社

睦月

1月 新年參拜

源自於為祈求平安幸福而從大年夜到元旦待在本地神社的「年籠」習俗，以及前往每一年吉祥方位的神社進行「惠方」參拜的慣例而來。

1月7日 人日節

五大傳統節日之一。據說在當天食用以七種蔬菜熬煮而成的七草粥，即可健健康康一整年。也有許多神社會舉行祭典活動。

如月

2月3日 節分

於季節交替易生邪氣之際，撒豆子驅趕鬼怪（厄運）同時招來福氣。該習俗傳自中國，室町時代後才演變成如今的撒豆驅邪儀式。

2月17日 祈年祭

全國神社於稻作耕種之前所舉行的稻穀豐收（五穀豐穰）祈福儀式。為年度的第一場農耕祭典，因此也會同時祈求國家安泰。

彌生

3月3日 上巳節（雛祭）

五大傳統節日之一。雛祭又稱女兒節，源自將自身穢氣轉移至紙人偶後，放入河水飄走的「流雛」儀式。江戶時代以後，則流行在家裡擺上豪華的雛人偶裝飾布置。

皐月

5月5日 端午節

在中國5月5日，就會在門外掛上菖蒲和艾草以驅除疾厄。傳到日本後則變成將艾草掛在屋簷下，或把菖蒲浸泡在洗澡水中沐浴。中世以後，由於菖蒲的日文讀音與「勝負」、崇尚武道的「尚武」相同，所以又衍伸成祈求男孩健康成長的節日。江戶時代以後還有擺設武者人偶、鯉魚旗等裝飾的習慣。

水無月

6月30日 夏越祓

洗淨前半年的厄運、晦氣，同時祈禱後半年無病無災的儀式。各地神社都會舉辦紙人放水流的活動，或是穿越以茅草紮成的大圓圈。

| 1月 | 2月 | 3月 | 4月 | 5月 | 6月 |

寺院

睦月

1月 新年參拜

起源與神社相同。在家家戶戶裝飾門松的期間內（1月7日）的參拜，有造訪各寺社進行七福神巡禮的習俗。

1月1～3日 修正會、大般若會

修正會即年初所舉行的祈修法會，透過念經祈求國泰民安、五穀豐收。大般若會則是由僧侶們誦讀全部多達600卷的「大般若波羅蜜多經」其中一部分的法會，通常見於密教系和禪宗系的寺院。

卯月

4月8日 灌佛會

慶祝釋迦牟尼佛的誕辰，又有花祭、降誕會等別名。仿造釋迦牟尼出生地藍毗尼花園，擺滿鮮花裝飾的佛堂，安置著佛祖的誕生像，並備有甘茶灌沐佛身。甘茶則是替代釋迦牟尼出生後用來沐浴的甘露，也會準備甘茶給參拜者飲用。

如月

2月3日 涅槃會

於釋迦入滅之日所舉行的法會，以表達追思和感恩圖報之心。懸掛釋迦牟尼佛臨終身影的涅槃圖，並誦讀入滅前的最後教誡「遺教經」。在歷史紀錄中，最早開始此儀式的寺院為奈良時代的奈良興福寺。

彌生

3月 春分之日前後三天 彼岸節

在佛壇放上供品牡丹餅、掃墓以及祭拜祖先。彼岸是梵語「波羅蜜多」的漢譯，意指頓悟境地的世界（極樂淨土）。春分之日和秋分之日的太陽會從正西方落下，亦即距離西方彼岸最近的時候。與拜祭祖先的日本傳統習俗結合，逐漸演變成在最接近亡者的期間前往掃墓。各寺院皆會舉行彼岸法會，並開放給參拜者參加。

農耕文化與神道信仰自古以來即有密不可分的關係，
對於豐收表達感謝之意的新嘗祭為重要的儀式。
節分、雛祭等貼近日本生活的習俗，有許多是源自於神道信仰。
在彼岸節掃墓、除夕夜敲響除夜鐘則是佛教的活動。

文月 7月7日 七夕

源起中國的星祭「乞巧奠」。於平安時代傳至日本，成為祈求書道、裁縫等技藝的宮廷祭典。江戶時代後演變成將願望寫在紙條並掛在竹葉上裝飾的習俗。有些地方的七夕節是訂在8月7日。

長月 9月9日 重陽節

五大傳統節日之一。奇數（陽數）中最大的數字是9，月日兩個9重疊即所謂的重陽。中國自古以來就將菊花視為避邪之物，因此當天會飲用菊花酒以祈求長壽。平安時代傳至日本後成為宮廷儀式，現在雖已不時興但有的神社還是會舉行供奉菊花、獻納舞蹈等活動。

神無月 10月17日 神嘗祭

伊勢神宮的大祭。天皇向天照大御神供奉新穀，表達對五穀豐收的感謝之意。緊接在外宮、內宮之後，其他的攝社、末社也會舉行。

霜月 11月15日 七五三

為祈求小孩健康成長，3歲、5歲的男孩以及3歲、7歲的女孩會前往神社參拜。因為3、5、7歲是小孩身高容易出現變化的時間點。

11月23日 新嘗祭

於皇宮內由天皇將當年初次收成的新穀獻給皇祖神天照大御神，同時自己也會享用，以感謝豐收的恩澤。由來則是根據神話中天照大御神派遣天孫帶著稻穗降臨於世的描述，各地神社也都會舉行祭典儀式。

師走 12月31日 大祓

每年的最後一天，在皇宮與各地神社舉行消除所有罪惡、穢氣的傳統祭典。參拜者將寫上自己年齡和姓名的紙人帶至神社，進行放水流走或點火焚毀的儀式。

7月	8月	9月	10月	11月	12月

文月 7月10日 四萬六千日

供奉觀音菩薩的寺院都會在這天舉辦祭祀或供養的「緣日」。只要在當天前往參拜，就等同於參拜四萬六千日的功德。東京淺草寺在緣日期間還會舉辦酸漿市集。

文月、葉月 7月15日～8月15日左右 御盆節

佛教用語中稱為「盂蘭盆會」，於7月15日前後準備供品並祭拜祖先。故事出自《盂蘭盆經》中的記載，相傳釋迦牟尼的弟子目蓮為拯救死後淪為餓鬼的母親，在7月15日設盂蘭盆供奉十方僧眾，最後順利救出母親。御盆節的第一天會點上燈籠迎接祖先亡靈歸來，設盆棚供桌擺放鮮花、水果等供品，請僧侶來念經。御盆節的最後一天再點起燈籠、放水燈，送走祖先亡靈。農村等鄉下地方大多會選在8月15日前後舉辦。

長月 9月 秋分之日前後三天 彼岸節

由來和內容與春天的彼岸節相同。彼岸節時供桌上的牡丹餅和御萩基本上是一樣的東西，只是以春天盛開的牡丹、秋天開花的萩草而各自命名。紅豆具有驅除邪氣的效果，因此被當成供品來祭祀祖先。

師走 12月8日 成道會

於釋迦牟尼在菩提樹下悟道之日舉行的紀念法會，成道指的是頓悟成佛之意。在禪宗系的寺院中，會從12月1日～8日連續7天進行不眠不休的坐禪。

12月31日 除夜鐘

在大年夜的晚上，敲響象徵眾生煩惱數量的108下鐘聲以驅走邪氣。鐘聲具有強大的能量，據說連聽到鐘聲的附近居民也有淨化身心靈之效。

INDEX

🈹 神社　　卍 寺院　　祭 祭典

Photo Credits

拍攝協力單位

愛染堂勝鬘院／姶良市商工観光課／青島神社／秋田県観光連盟／浅草花やしき／朝来市役所／安倍文殊院／天橋立観光協会／石鎚神社／伊豆山神社／出雲大社／出雲観光協会／市谷亀岡八幡宮／稲沢市観光協会／今宮戎神社／宇佐神宮／宇都宮市商工観光課／海の京都観光推進協議会／江島神社／愛媛県／大洗観光協会／大阪天満宮／大神神社／雄山神社／香川県観光協会／笠間稲荷神社／川越氷川神社／川崎大師(平間寺)／岸和田市観光振興協会／貴船神社／京都水族館／熊本県観光課／氣多大社／小牧市観光協会／西条市観光物産課／猿田彦神社／地蔵院／首里城公園／白山比咩神社／新城市観光協会／善通寺市商工観光課／大興善寺／高崎観光協会／高千穂神社／太宰府天満宮／出羽三山神社／天理市産業振興課／東京大神宮／東福寺／徳島県観光協会／鳥取県広報連絡協議会／富山県観光連盟／長門市観光コンベンション協会／波上宮／奈良国立博物館／新潟県観光協会／西尾市観光協会／日光観光協会／箱根町観光課／氷川神社／飛行神社／日野町観光協会／日吉大社／平泉観光協会／富士サファリパーク／富士山本宮浅間大社／富士宮市観光協会／伏見稲荷大社／二見興玉神社／宝当神社／防府天満宮／法輪寺 電電宮／まかいの牧場／松戸市観光協会／松原神社／三重県観光連盟／三嶋大社／水田天満宮・恋木神社／三德山三佛寺／身延町観光課／三室戸寺／みやざき観光コンベンション協会／宮崎市観光協会／宮島水族館 みやじマリン／むつ市観光協会／明治神宮／名勝大乗院庭園文化館／毛越寺／森町産業課／八重垣神社／山形県観光物産協会／山口県観光連盟／山寺観光協会／祐德稲荷神社／由岐神社／吉野山観光協会

關係神社、寺院，相關都府縣以及區市町村觀光課、觀光協會，刊載諸設施等

國家圖書館預行編目資料

日本神社與寺院之旅／K&B Publishers作；
許懷文翻譯. -- 第一版. --
新北市：人人, 2018.06
面；公分. --（人人趣旅行系列；62）

ISBN 978-986-461-139-3（平裝）

1.旅遊 2.神社 3.寺院 4.日本

731.9   107005755
                                    CCY

【人人趣旅行62】

日本神社與寺院之旅

作者／K&B PUBLISHERS
翻譯／許懷文
校對／陳宣穎
編輯／林德偉
發行人／周元白
出版者／人人出版股份有限公司
地址／23145新北市新店區寶橋路235巷6弄6號7樓
電話／（02）2918-3366（代表號）
傳真／（02）2914-0000
網址／http://www.jjp.com.tw
郵政劃撥帳號／16402311 人人出版股份有限公司
製版印刷／長城製版印刷股份有限公司
電話／（02）2918-3366（代表號）
經銷商／聯合發行股份有限公司
電話／（02）2917-8022
第一版第一刷／2018年6月
定價／新台幣450元

Nippon Jinja to Otera no Tabi
Copyright© 2015 K&B PUBLISHERS
Chinese translation rights in complex characters arranged with K&B PUBLISHERS
through Japan UNI Agency, Inc., Tokyo
Chinese translation copyright © 2018 by Jen Jen Publishing Co., Ltd.

學習關於御朱印的知識
來收集御朱印吧

手寫的毛筆字與紅色印章，每間寺院和神社都千差萬別。
將收集到的御朱印放在一起欣賞比較，當成一種和風藝術來品味也很有樂趣。

御朱印的基礎知識

御朱印是什麼?

御朱印原本是抄經獻納給寺院時所領取的證明。江戶時代以後，一般民眾開始流行到寺院參拜，因此授與御朱印當作參拜證明的寺院也逐漸增加，之後神社也跟著照樣辦理。寫上本尊、御神體、寺社名的御朱印就如同佛神分身般的存在，因此要心懷虔敬之意。此外，並非所有寺社都會提供御朱印。

御朱印的領取方式

御朱印的本質終究是參拜後的證明，在領取之前請先依照寺社的規定前往社殿、佛殿參拜。參拜結束後即可到授與所（或納經所），將御朱印帳翻開至想要書寫的頁面再交給對方。等候期間切勿聊天請保持安靜，領取時記得道聲謝謝並支付御朱印費（300日圓左右）。

御朱印的瀏覽方式

神社的御朱印

神田神社的御朱印

寺院的御朱印

淺草寺的御朱印

❶奉拜 「謹此虔誠參拜」之意，代表領取御朱印作為參拜的紀念。

❷押印 中央會印上刻有神社名的大朱印，大多會選擇篆體方印之類樣式較簡單的印章。

❸押印 表示神社的等級、地位的押印。准勅祭十社指的是天皇向神社供奉幣帛（供物），祈願鎮護東京與人民安泰的東京十社。有的神社會留白不蓋印。

❹神社名 以毛筆在中央寫上字體較大的神社名，有時也會寫上神社的通稱或御祭神的名字。有的還會在旁邊蓋上神社的紋章。

❺日期 註明參拜的日期，有的神社還會在日期旁蓋上刻有神社名的朱印。

❶奉拜 與神社相同，代表「謹此虔誠參拜」之意。有的寺院會寫上「奉納」或是空白完全不寫。

❷押印 蓋上如坂東札所十三番標示出札所番號的印章，有的則會印上山號或俗稱、寺院的等級或地位等文字內容。

❸山號 加在寺院名前的稱號，例如淺草寺的山號即金龍山。

❹梵字 梵字意即梵語的文字，例如寺院的御本尊聖觀音以一個梵字就能表示。

❺御本尊名、寺院名 以毛筆在中央寫上字體較大的御本尊或寺院名，也時也會寫上御本尊的別稱。

❻三寶印、御寶印 代表佛、法、僧佛教三寶的三寶印、以梵字表示御本尊的御寶印。

❼日期 參拜的日期，有的寺院會省略不寫。

❽寺號 在左下方以毛筆寫上寺院名。

❾押印 在毛筆書寫的寺號上方蓋上寺號的朱印。